Melanie Habersetzer

"WIE VIEL KOSTET EINE 70-CENT-BRIEFMARKE?"

W0089629

Bibliografische Information der Deutschen Nationalbibliothek
Die Deutsche Nationalbibliothek verzeichnet diese Publikation in der Deutschen Nationalbibliografie; detaillierte bibliografische Daten sind im Internet über http://d-nb.de abrufbar.

Für Fragen und Anregungen
info@rivaverlag.de

2. Auflage 2021

© 2016 by riva Verlag, ein Imprint der Münchner Verlagsgruppe GmbH,
Türkenstraße 89
80799 München
Tel.: 089 651285-0
Fax: 089 652096

Redaktion: Dunja Reulein
Umschlaggestaltung: Isabella Dorsch
Umschlagabbildung: Lorelyn Medina/Shutterstock; creatarka/ Shutterstock; Ladislav Krajca/ Shutterstock
Satz: Daniel Förster
Druck: CPI books GmbH, Leck
Printed in Germany

ISBN Print 978-3-86883-926-5
ISBN E-Book (PDF) 978-3-95971-273-6
ISBN E-Book (EPUB, Mobi) 978-3-95971-274-3

Weitere Informationen zum Verlag finden Sie unter

www.rivaverlag.de

Beachten Sie auch unsere weiteren
Verlage unter www.m-vg.de

INHALT

STATT EINES VORWORTS

Vorab ein kleines Quiz:

- Haben Sie schon einmal genau eine Minute nach Ladenschluss vor geschlossener Tür gestanden und selbst nach hartnäckigem Klopfen schüttelte die Kassiererin nur entnervt den Kopf?
- Bekommen Sie schon Blutdruckprobleme, wenn Sie auch nur an den Andrang bei der Post denken?
- Könnten Sie sich noch Tage später darüber aufregen, dass Sie nur wegen eines zwei Zentimeter zu großen Kartons einen höheren Preis zahlen mussten?
- Sind Sie der Meinung, dass 24-Stunden-Öffnungszeiten die Idee des Jahrhunderts wären?
- Sind Sie wütend, dass der Postbote immer genau dann klingelt, wenn Sie gerade unter der Dusche stehen?
- Sind Sie der festen Überzeugung, dass Ihr Paket aus purer Boshaftigkeit beschädigt wurde?
- Sind Sie der Meinung, dass auch der günstigste Laden den besten Service anbieten muss?

- Finden Sie, Angestellte im Einzelhandel sind doch sowieso nur überbezahlte Laien, die Ihnen etwas andrehen wollen?
- Sind Sie der festen Überzeugung, der Kunde ist König, völlig egal, wie er sich aufführt?

Wenn Sie mindestens zwei der Fragen mit Ja beantwortet haben, legen Sie dieses Buch weg. Es kann zu schweren Blutdruckproblemen, Herzrasen bis hin zum Herzinfarkt führen.

Sind Sie sich nicht sicher, ob Sie zu dieser Kategorie Kunden gehören, befragen Sie vorher bitte Ihren Arzt oder Apotheker. Sollten diese Ihnen nicht weiterhelfen können, fragen Sie Ihren qualifizierten Buchhändler oder einen Postboten Ihres Vertrauens.

WO BIN ICH HIER GELANDET?

Bereits meine Urgroßeltern waren bei der Post, genauso wie meine Großeltern und meine Mutter. Und inzwischen bin es auch ich. Ich weiß nicht, wie es dazu kommen konnte, vielleicht liegt es an den Genen.

Eigentlich wollte ich immer etwas Kreatives machen, doch bei genauerer Betrachtung tue ich das auch. Man braucht manchmal durchaus eine gehörige Portion Humor und Fantasie, um an den Beschwerden mancher Kunden nicht zu verzweifeln.

Im Vergleich damit war das Schreiben dieses Buchs eine eher sachliche Angelegenheit. Ich brauchte ja nur mit gespitztem Bleistift darauf zu warten, bis mir die Geschichten tatsächlich passierten, um sie dann niederzuschreiben.

Nun möchte ich aber mit diesem Buch auf keinen Fall irgendjemanden verurteilen. Eine Kassiererin schüttelt über mich wahrscheinlich genauso den Kopf wie ich manchmal über die Kunden bei der Post. Nein, ich möchte lediglich die Kluft, die beide Parteien auf der jeweiligen Seite des Schalters voneinander trennt, etwas schmälern.

Manchmal ist es schwierig, sich auf eine Beschwerde einzulassen, da man ja alle Hintergründe kennt. Der Kunde jedoch kennt sie nicht, weshalb er nicht versteht, warum ich nicht genauso empört bin wie er. Ich denke, dieses Problem gibt es in jeder Branche.

Wer hat sich etwa nicht schon mal über einen dieser lästigen Werbeanrufe geärgert? Ich jedenfalls schon. Ich habe aber auch Verständnis für denjenigen am anderen Ende der Leitung. Ich habe selbst schon einmal Telefonwerbung gemacht, und glauben Sie mir, es ist kein leichter Job. Wenn man pausenlos Ablehnung erfährt, fühlt man sich am Abend wie der unbeliebteste Mensch der Welt.

Deshalb gehöre ich auch nicht zu den Leuten, die in den Hörer brüllen oder einfach auflegen. Ein freundliches »Nein, danke, aber einen schönen Tag noch« ist zwar auch nicht die Antwort, die die Person am anderen Ende der Leitung hören will, aber es ist zumindest höflich.

Wenn man nur ein wenig versucht, sich in den anderen hineinzuversetzen, eskalieren Beschwerden gar nicht erst, sondern man kann ganz einfach eine passende Lösung für beide Parteien finden.

Manchmal ist für einen selbst ein Problem so offensichtlich, dass man vergisst, es seinem Gegenüber auch verständlich zu schildern. Oder vielleicht steigert man sich einfach so sehr in etwas hinein, dass man gar nicht mehr richtig zuhört.

Hier ein kleines Beispiel, das vielleicht verdeutlicht: Vieles ist eine Frage der Perspektive.

Ich erhalte täglich Beschwerden über die Postboten in unserer Gemeinde. Nicht etwa, weil sie schlecht arbeiten würden. Meist geht es um die Art und Weise der Zustellung, so auch diesmal. Ein Kunde regte sich furchtbar darüber auf, dass sein Paket einfach vor die Tür gelegt und nun gestohlen worden war.

»Man kann doch ein Handy nicht einfach vor die Tür legen. Das ist doch klar, dass es dann weg ist! Unverschämt ist das. Nur weil der Zusteller wahrscheinlich zu faul war, den Zettel auszufüllen. Und wie komme ich nun an mein Geld?«

Ein zweiter Kunde kam in dem Moment zur Tür herein, in dem ich den ersten Herrn darüber aufklärte, wie er nun weiter verfahren solle.

Der zweite Mann mischte sich nun ein:

»Wollen Sie sich auch über den Postboten beschweren? Unmöglich sind die. Jedes Mal muss ich extra hierherfahren, um mein Paket abzuholen. Statt dass er es einfach vor die Tür stellt!«

Sie sehen, ein Problem liegt oft nur im Auge des Betrachters. Man kann es nun mal nicht jedem recht machen.

An dieser Stelle ein dickes Lob an unsere fleißigen »Kollegen im Außendienst«. Ich weiß nicht, wie es in anderen Orten zugeht, aber in unserer Gemeinde arbeiten viele Briefträger und Paketfahrer, die ihre Arbeit mit einer solchen Leidenschaft ausüben, dass sich viele eine Scheibe davon abschneiden könnten. Sie wissen von jedem Kunden, wann er am wahrscheinlichsten zu Hause ist, berücksichtigen Sonderwünsche und haben immer ein Lächeln auf den Lippen! Vielen Dank!

Denn das oben genannte Beispiel ist nicht das einzige, das oft Beschwerden nach sich zieht. Auch die Abgabe von Paketen beim Nachbarn wird häufig zum Drahtseilakt. War es vorher jahrelang erwünscht, dass Herr M. die Sendungen von Frau S. entgegennimmt, wird das über Nacht zum großen Problem. Beide Parteien sind auf einmal bis aufs Blut zerstritten. Wie kann es da der inkompetente Paketbote wagen, die Sendung trotzdem nebenan abzugeben? Da hätte er sich doch vorher informieren müssen. Unfassbar!

Mit diesen Beschwerden sehe ich mich jeden Tag konfrontiert. Und stehe zwischen den Fronten. Natürlich versuche ich, dem Kunden zu erklären, dass er vielleicht etwas überreagiert. Dass der arme Zusteller vielleicht gar nichts dafür kann oder eventuell auch einfach nur ein Mensch ist, der ab und zu Fehler macht. Doch auf der anderen Seite möchte ich natürlich auch den Kunden zufriedenstellen, ihm zuhören und seine Probleme ernst nehmen.

Dies gestaltet sich aber zudem sehr schwierig, weil wir oft überhaupt nichts machen können. Wir haben einen Geschenkartikelladen mit Poststelle. Beschwerden kann ich mir zwar anhören, aber nicht weiterleiten. Ich kann auch keine verloren gegangenen Sendungen erstatten oder den Zustellern einen Rüffel erteilen. Dafür bin ich schlicht und einfach nicht zuständig. Dafür gibt es eine Hotline. Allein dieser Satz sorgt aber in den meisten Fällen für einen erneuten Beschwerdeschwall. Wer möchte seine Beschwerde schon einem anonymen Menschen am Telefon mitteilen, den das Ganze eigentlich überhaupt nicht interessiert? Ich kann die Leute schon verstehen, das heißt aber nicht, dass ich etwas daran ändern könnte.

Ich habe einmal ein sehr passendes Poster im Internet gefunden, welches wir uns vielleicht über den Schalter hängen sollten:

»Ich habe zwar keine Lösung, aber ich bewundere Ihr Problem.«

Ich glaube, genau das ist es, was man erwartet, wenn man wutschnaubend am Schalter steht. Zuspruch, Interesse und einfach jemanden, an dem man seine angestaute Wut auslassen kann. Das kann ich verstehen.

Aber versetzen Sie sich mal in meine Lage: Wie würden Sie reagieren, wenn Sie den ganzen Tag unverschuldet zur Schnecke gemacht würden? Würden Sie nach dem zehnten Mal immer noch lächeln oder würde Ihnen nicht auch vielleicht mal der Kragen platzen?

GIBT ES WIRKLICH KEINE DUMMEN FRAGEN?

Ich bin ein sehr geduldiger Mensch. Gerne höre ich mir zum 2 364 528-sten Mal Sätze wie »Hätten die da nicht gleich 60 Cent machen können?« oder »Haben Sie ein Telefonbuch von Berlin?« an.

Aber bei manchen Fragen fällt es mir doch sehr schwer, sachlich zu bleiben. Aber urteilen Sie selbst.

Hier mein Favorit

Eine ältere Dame tritt an den Schalter: »Wie viel kostet denn eine 70-Cent-Briefmarke?«

Stirnrunzeln meinerseits, doch man wundert sich ja über nichts mehr: »Na ja, 70 Cent eben.«

Bei meinem Gegenüber bricht das Entsetzen aus: »Waas?! Ist die schon wieder teurer geworden?!«

Kein Kommentar.

Auch sehr schön

Eine Kundin tritt, mit einer Benachrichtigungskarte bewaffnet, an den Schalter: »Ich habe diese Karte im Briefkasten gefunden. Da steht, ich soll hier mein Paket abholen.«

Ich sehe auf die Karte. Das Datum liegt fast vier Wochen zurück. Mir schwant bereits nichts Gutes, als ich ihr zu erklären versuche, dass die Pakete nur sieben Werktage gelagert werden und dann an den Absender zurückgehen. Innerlich stelle ich mich bereits auf eine Diskussion ein. Doch manche Antworten erwischen einen trotzdem noch eiskalt:

»Wissen Sie, ich sehe meine Post nur alle paar Wochen durch. Da ist es sehr leichtsinnig, so eine Karte einfach in den Briefkasten zu stecken. Die sollte man ausschließlich persönlich übergeben dürfen!«

Es gab noch eine längere Debatte, dass die Karte ja eben nur zum Einsatz käme, wenn der Paketfahrer niemanden persönlich anträfe, doch ich kam nicht weiter, auch wenn ich die Logik auf meiner Seite hatte.

Technik ist unfehlbar

Technische Errungenschaften mögen der Post den Alltag erleichtern. Bei uns sorgen sie für allerhand Training der Lachmuskeln. Doch für all diejenigen, die mit dem System »Filiale Direkt« noch nicht vertraut sind, hier eine kurze Erklärung vorab: Jede Filiale hat eine Nummer. Hat man sich für das System registriert, kann man sich Bestellungen an jede beliebige Filiale schicken lassen. Vor allem interessant für all diejenigen, die ihr Paket zum Beispiel schnell in der Mittagspause holen möchten, es aber zeitlich nicht schaffen, nach Hause zu fahren. Bei der Bestellung werden einfach statt der eigenen Adresse die Filialnummer und der Ort angegeben.

Nun kam eine Kundin in meine Filiale und fragte nach ihrem Paket. Auch nach mehrmaligem Suchen war es nicht auffindbar. Nach einem zweiten Blick auf die Benachrichtigungs-SMS fiel mir auf, dass diese gar nicht für unsere Filiale galt. Als ich die Kundin darauf hinwies, antwortete sie schnippisch, ob ich denn das neue System nicht kenne: »Die Post wirbt damit, dass man die Pakete in jeder beliebigen Filiale abholen kann.«

Ja, genau. Und zwar zeitgleich. Ich rufe kurz dort an und lasse mir das Paket rüberfaxen …

Ja, ja, die Jugend. Man ist halt noch naiv

So auch ein Kunde im Teenageralter, der bei mir eine Briefmarke kaufte. Gerade noch rechtzeitig konnte ich verhindern, dass er die Marke mittig auf seine Lohnsteuerkarte klebte. Ich versuchte, ihm zu erklären, dass man einen Umschlag benutzen müsste. Auf diesen würde dann die Adresse geschrieben werden.

»Wieso?«, fragte er daraufhin.

»Die Zusteller müssen ja wissen, für wen die Sendung ist.«

»Ist doch 'ne Lohnsteuerkarte, die muss zum Finanzamt. Weiß doch jeder.«

Wie konnte ich nur so dumm sein …

Die Jugend von heute, Teil II

Wir sind heutzutage von technischen Errungenschaften sehr verwöhnt. Da kann Folgendes schon einmal passieren:

Ein junger Mann kaufte eine Briefmarke bei mir. Am nächsten Tag stand er wieder bei mir.

»Die is kaputt!«

»Wieso kaputt?« (Ich hatte ja schon viele Beschwerden, aber das?)

»Die klebt nicht.«

»Haben Sie sie nass gemacht?«

Natürlich nicht.

Ja, ja, in meiner Jugend wusste man noch, was es hieß, 100 Briefmarken abzuschlecken, wenn man zu einer Party lud.

Das gibt es *so* wohl nur auf dem Land

Eine Kundin gab bei mir eine Beileidskarte ab, die »An die Witwe« adressiert war. Name, Straße und Hausnummer suchte man vergebens. Lediglich Postleitzahl und Ort waren korrekt angegeben. Als ich sie darauf hinwies, dass die Angaben wohl kaum ausreichend seien, sah sie mich verwundert an.

»Sie müssen den Namen, die Straße und die Hausnummer mit angeben.«

Daraufhin sie entrüstet: »Na, der Postbot werd doch wohl wiss'n, wer da g'storb'n is!«

Ich wies sie ein weiteres Mal darauf hin, dass die Karte wohl zurückkommen würde, doch vergeblich. Und jetzt raten Sie mal: Eine Woche später war besagte Dame wieder bei mir. Was soll ich sagen, die Karte kam tatsächlich an! Da fehlten selbst mir die Worte.

Kurz und bündig

Kunde: »Sind die Engelmarken nach Weihnachten abgelaufen?«

(Für alle, die jetzt mit einem großen Fragezeichen über dem Kopf dasitzen: Nein!)

Manche stehen auch ein wenig auf dem Schlauch

Kunde: »Ich hätte gern 5000 Euro in 1000-Euro-Scheinen.«

Ich dachte, er scherzte, deshalb antwortete ich mit einem Schmunzeln: »Ich fürchte, ich hab keine mehr, aber wie wäre es mit 500-Euro-Scheinen?«

Kunde: »Was sind Sie denn für eine Bank? In der Hauptfiliale bekomme ich immer welche!«

Hm, ob ich das melden sollte?

Gerade noch gerettet …

Es gibt eine Warenkategorie, die besonders gern online bestellt wird. Die, nun ja, nennen wir es »Erwachsenen-Elektronik mit Schwerpunkt Schlafzimmer«. Was bei den Läden die blickdichte, unauffällige braune Tüte ist, ist bei der Onlineversion die unauffällige Versandadresse, bei der meistens der Firmenname und die Straße weggelassen werden.

Nun kam eine ältere Dame zu uns, ein ebensolches Paket unter dem Arm.

Kundin: »Ich soll das Paket für meine Tochter abgeben. Aber … die Adresse kann so nicht stimmen.«

Kollegin: »Doch, doch, das passt schon so.«

Kundin: »Nicht, dass es nicht ankommt. Ich mach's lieber auf und schau auf dem Lieferschein nach.«

Kollegin: »Vielleicht wäre es besser, erst Ihre Tochter zu fragen.«

Kundin: »Die hat da nix dagegen.«

Auch wenn mir der Gedanke, wie die ältere Dame beim Anblick des Erwachsenenspielzeugs wohl reagieren würde, ein Schmunzeln aufs Gesicht zauberte, konnte ich sie davon überzeugen, dass schon alles seine Richtigkeit hatte.

Solche Pakete anzunehmen macht mir eigentlich immer Spaß. Nicht wegen der Produkte an sich, sondern vielmehr weil man den Inhalt schon am Gesicht des Kunden erkennen kann. Von leicht nervös bis tomatenrot ist alles dabei. Auch um Ausflüchte sind viele nicht verlegen. Sätze wie »Das ist aber nur Unterwäsche« sind da keine Seltenheit. Zu dumm, wenn es in der Schachtel klappert oder – schlimmstenfalls – zu vibrieren beginnt.

Missverständnis

Kurz nach Ostern kam eine Kundin zu mir: »Ich habe ein Paket zurückgeschickt, hätte es aber doch gern wieder. Geht das?«

Ich: »Ich sehe mal nach, was ich machen kann. Vielleicht habe ich es noch hier. Wann war denn das?« (Ich meinte die Uhrzeit.)

Kundin: »Im November ...«

Ich weiß nicht, ob es ein allgemeiner Irrglaube ist, aber die Post lagert Retouren nicht ein. Sie schickt sie zurück.

Und diesen Abschnitt widme ich allen Kollegen, die trotz allem noch über folgende Aussagen lächeln können

»Haben Sie auch Briefmarken?«

Wir sind eine Post! Ich ziehe meinen Hut vor allen, die darauf ohne Ironie antworten können.

»58 Cent? Da hätten die doch gleich 60 Cent machen können.«

Einen Cent für jedes Mal, dass ich diesen Satz gehört habe, und ich könnte mir die ganze Post AG kaufen.

Nach der Umstellung von Filialen auf private Postshops:

»Sind Sie auch keine richtige Post mehr?«

Nein, tut mir leid, wir sind eine Pommesbude, die Briefmarken sind nur Tarnung.

Verwirrung

Eine Kundin tritt an den Schalter: »Guten Tag. Für mich müsste ein Paket abgegeben worden sein.«

Sie hat natürlich keinen Schein dabei, deshalb fragt meine Kollegin sie nach der Hausnummer. (Dazu muss ich kurz erklären: Da wir die Pakete nicht offen lesbar mit den Namen beschriften dürfen – Datenschutz –, verwenden wir als Suchsystem die Hausnummern.)

Kundin: »Nummer 21.«

Meine Kollegin arbeitet sich durch die so kurz vor Weihnachten nicht unerheblichen Paketberge. Nichts. Sie informiert die Kundin.

Kundin: »Und was wäre, wenn ich woanders wohnen würde?«

Kollegin: »Dann könnte ich das Paket nicht finden. Wohnen Sie denn woanders?«

Kundin: »Vielleicht. Es könnte auch 22 oder 23 sein.«

Die Kollegin sucht noch einmal, und siehe da: Es ist Nummer 23.

Kundin: » Ich kann mir das nie merken, wo ich wohne.«

Kindern bläut man die eigene Adresse ein, damit sie nach Hause finden. Vielleicht besteht da bei dieser Dame etwas Nachholbedarf.

Ohne Worte …

Wieder einmal Portoerhöhung, wieder einmal Diskussionen. Natürlich gibt es Ergänzungsmarken. Diesmal 8 Cent, worüber sich viele natürlich herzhaft aufregen. So auch die nächste Dame, aber in der Art hatte ich es nicht erwartet.

Sie legte mir einen Brief auf den Tresen, der mit 62 Cent freigemacht war. Das Porto für einen Standardbrief betrug aber mittlerweile 70 Cent.

Ich: »Da fehlen noch 8 Cent. Ich klebe Ihnen die Differenz drauf.«

Kundin: »Sind die Briefe schon wieder teurer geworden? Bald kann sich das keiner mehr leisten!« (Ein Satz, den ich übrigens oft höre. In Zeiten wie diesen sind 8 Cent aber auch kein Pappenstiel …)

Ich: »Haben Sie sonst noch einen Wunsch?«

Kundin: »Nein, danke.« Wendet sich zum Gehen.

Ich: »Entschuldigen Sie, Sie haben vergessen, mir die 8 Cent zu bezahlen.«

Kundin: »Ach, ich soll die auch noch bezahlen? Ich habe die 62-Cent-Marke doch schon bezahlt.«

Ich: »Ja, aber ein Brief kostet 70 Cent.«

Kundin: »Aber ich habe mir die Marke für einen Standardbrief gekauft, und Sie haben gesagt, der kostet 62 Cent.«

Ich: »Ja, aber das war letztes Jahr. Jetzt kostet er 70 Cent.«

Kundin: »Dann müssen Sie sich richtig informieren, bevor Sie mir so einen Unsinn erzählen.«

Tut mir leid, aber in Anbetracht dieser Aussage fehlten mir für einen Moment die Worte. Erst als sich die

Kundin erneut zum Gehen wenden wollte, wies ich sie noch einmal darauf hin, dass sie noch bezahlen müsse, was sie letztendlich auch tat. Aber nicht ohne einen Tadel: »Und das nächste Mal sollten Sie erst nachsehen, was ein Brief kostet, bevor Sie wieder jemanden doppelt abkassieren!«

Ich bin aber auch ein Schussel. Hätte ich doch ahnen können, dass die Kundin den Brief erst ein Jahr später abschicken will.

Quittung, bitte!

Eine Kundin kommt mit einem frankierten Brief an den Schalter: »Stimmt das so?«

Ich wiege kurz: »Perfekt.«

Kundin: »Ich hätte gern eine Quittung.«

Ich: »Wofür?«

Kundin: »Für den Brief.«

Ich: »Wenn Sie einen Nachweis benötigen, dann müssten Sie den Brief per Einschreiben schicken.«

Kundin: »Ich brauche nur eine Quittung.«

Ich: »Wofür?«

Kundin: »Für die Briefmarken.«

Ich: »Aber Sie haben ja gar keine gekauft.«

Kundin: »Doch.«

Ich: »Aber nicht heute.«

Kundin: »Ach, wenn man den Brief nicht gleich abgibt, kriegt man keine?«

Ich: »Doch, aber beim Kauf, nicht wenn Sie den Brief abgeben.«

Kundin: »Da hab ich aber keine bekommen.«

Ich: »Tut mir leid.«

Kundin: »Bekomme ich jetzt eine Quittung?«

Ich brauch Urlaub …

DER GANZ NORMALE WAHNSINN – EIN TYPISCHER TAG IN DER POST

Morgens, halb neun, in Deutschland. Um neun Uhr öffnen wir unsere Filiale, ich bin wie immer spät dran. Ganz im Gegensatz zu meinen Kunden. Die warten bereits jetzt, eine halbe Stunde vor Ladenöffnung, eisern vor der Tür.

»Bitte, ich habe nur dieses Paket, können Sie das schon mal mitnehmen?«

»Kann ich machen, aber Sie bekommen dann halt keine Bestätigung«, antworte ich routiniert.

»Die brauche ich aber.«

»Tut mir leid, aber die Computer sind noch nicht an.«

»Na, wenn Sie ein bisschen früher aufstehen würden, dann wär das jetzt kein Problem.«

Ich antworte nicht, bin die Ruhe in Person und sperre dem Kunden mitsamt Paket die Tür vor der Nase zu.

Ich habe mich schon mal auf diese Diskussion eingelassen, was damit endete, dass keiner sein Paket pünktlich loswerden konnte, da ich es nicht geschafft hatte, die Computer pünktlich hochzufahren, was mir wiederum eine Menge Diskussionen einbrachte.

Eine ältere Dame hatte mir auch schon einmal vorgeworfen, wenn ich früher aus dem Bett kommen würde, dann müsste sie nicht so lange vor der Tür warten. Ich antwortete ihr daraufhin, würde sie länger im Bett bleiben, hätte ich nicht bereits morgens schlechte Laune. War auch nicht so clever, denn bis ich den Laden aufsperrte, hatte sie bereits eine Horde mordlustiger Kunden gegen mich aufgestachelt.

Doch heute habe ich es sicher in den Laden geschafft. Meine Kollegin glücklicherweise auch, sodass wir unsere tägliche Routine starten können. PCs hochfahren, Kassen herausräumen …

Da klopft es. Wir schaffen es nicht mehr rechtzeitig, hinter die Säule zu hechten, also sehe ich in Richtung Tür und schüttle den Kopf. Es klopft weiter energisch. Um meinen Standpunkt zu verdeutlichen, sehe ich erneut in Richtung Tür, schüttle den Kopf und tippe mir mit dem Finger auf den Arm, um klarzumachen, dass es noch nicht neun Uhr ist. Das Klopfen erstirbt nicht, doch wir schaffen es unbemerkt in unsere Küche, wo wir uns jeden Morgen noch einen Kaffee machen, bevor es losgeht.

Dabei unterhalten wir uns im Flüsterton, denn würde jemand merken, dass wir tatsächlich schon früher fertig sind und trotzdem nicht aufsperren, hätten wir sofort eine Klage wegen menschenunwürdiger Behandlung am Hals. Was brauchen wir auch einen Kaffee, wenn draußen, bei 18 Grad, die Menschen erfrieren?

Punkt neun Uhr ist es dann so weit: Wir öffnen unsere Pforten. Meine Kollegin entriegelt die Tür, wird von der halb erfrorenen, wütenden Horde gestresster Rentner gegen die Wand gedrückt. Ich versuche, den Andrang erst einmal allein abzuarbeiten, bis meine Kollegin endlich wieder das Bewusstsein erlangt und sich zu mir vorkämpft.

Nach zehn Minuten ist der ganze Spuk vorbei. Ich weiß nicht genau, woher diese Einstellung kommt, man müsse früh genug da sein, um nicht anstehen zu müssen … Bei uns ist es umgekehrt. Aber das Gerücht hält sich weiterhin hartnäckig.

Doch nun ist es ruhiger. Inzwischen haben wir auch die benachrichtigten Pakete und die Postfachpost bekommen, sodass wir direkt loslegen können. Ich stelle ein Schild »Kasse geschlossen« auf und beginne zu sortieren. Ich habe mir angewöhnt, währenddessen nicht aufzublicken. Denn sobald ich einen Blick in den Laden riskiere, stellt sich sofort jemand an meine Kasse. Wenn ich dann antworte: »Meine Kasse ist geschlossen«, habe ich schon verloren.

Danach kann ich mich nun auch den Kunden widmen. Heute ist ein ganz normaler Tag. Nicht Weihnachten, nicht Ostern, kein Monatsanfang. Deshalb hält sich meine Stimmung noch relativ gut, bis der erste Kunde sagt: »Schon wieder Portoerhöhung. Haben Sie schon die neuen Briefmarken?«

Ich versuche, mir nichts anmerken zu lassen, gebe an, die neuen Briefmarken noch nicht dazuhaben, und zucke unverbindlich mit den Schultern. Inzwischen schaffe ich es ganz gut, mir nichts anmerken zu lassen, doch in Wirklichkeit habe ich keine Ahnung, wovon der Kunde da eigentlich spricht. Schnell eile ich in die Küche und google »Portoerhöhung«. Aha. Der Mann hatte also recht, es wurde heute in den 10-Uhr-Nachrichten bekannt gegeben. Das Briefporto wird sich wieder erhöhen. Schön, dass wir darüber auch noch informiert werden. Es ist immer so erfrischend, vor den Kunden als ahnungsloser Idiot dazustehen. Kurz durchatmen. Weiter geht's.

Doch nun hat sich der anfangs ganz normale Tag zu einer Zerreißprobe für unsere Nerven entwickelt. Jeder, der Radio hört, muss nun seinen Senf dazugeben.

Doch ich ertrage es heldenhaft und rette an diesem Tag sogar einer ganzen Reihe von Kunden todesmutig das Leben. Ich bewahre sie alle vor einem kaltblütigen Massenmord, indem ich mich dafür entscheide, frühzeitig eine rauchen zu gehen, und dagegen, den nächsten, der mich nach der Portoerhöhung fragt, eigenhändig zu erwürgen.

Um halb elf dann das nächste Problem: Unser Paketabholer kommt mit seinem LKW nicht an die Rampe, da die Einfahrt mal wieder zugeparkt ist. Der Täter ist schnell ermittelt, die Ausrede bekannt: »Vor der Tür war sonst kein Parkplatz! Ist ja alles voll.«

Ich erwidere, dass es gleich in der Nähe massenhaft Parkplätze gebe, doch anscheinend ist es unzumutbar, 50 Meter zu gehen, wenn man ja nur schnell ein paar Briefe abgeben will. Ich bitte den Kunden höflich, sein Fahrzeug wegzufahren, doch er weigert sich standhaft. Ich solle ihn schnell vorlassen, danach wäre er ja eh weg.

Vielleicht erscheint Ihnen meine Reaktion etwas kindisch, doch ich sehe nicht ein, jemanden für seine Dreistigkeit auch noch zu belohnen, deshalb rufe ich in die Runde: »Tut mir leid, wir müssen unsere Kassen für eine halbe Stunde schließen, da wir aufgrund des in der Lieferzufahrt stehenden Autos die Pakete per Hand zum LKW befördern müssen.«

Den Rest erledigen die anstehenden Kunden für uns. Kein noch so mutiger Mann hätte sich diesen wütenden Blicken widersetzt. Doch auch wenn der Abholer nun zur Rampe fahren kann, hat ihn dieser Falschparker eine Viertelstunde gekostet, die er nicht wieder einholen kann. Und wenn ihm das noch ein paarmal an diesem

Tag passiert, wird er eine Stunde später als geplant nach Hause kommen. Ich bin mir nicht sicher, ob er die überhaupt bezahlt bekommt. Und da er viele Filialen anfährt und jeden Tag irgendein egoistischer Mensch dabei ist, wird das nicht nur heute der Fall sein.

Aber mal ehrlich: Woher kommt die Einstellung, dass man, wenn man nicht vor der Tür parken kann, berechtigt ist, im Halteverbot zu parken? Oder dass es in Ordnung ist, seinen Müll auf den Boden zu werfen und den Kaugummi unter den Tisch zu kleben, nur weil kein Abfalleimer in der Nähe ist? Ich hatte auch schon Kunden, die fest davon überzeugt waren, dass es ihr gutes Recht sei, die Ware, ohne zu bezahlen, mitzunehmen, weil sie keine Zeit hatten, in der Schlange zu stehen.

Doch dann ist es endlich zwölf, und wir können absperren. Halbzeit. Zumindest für meine Kollegin. Ich erledige mittags meistens die Dinge, zu denen ich während des Kundenverkehrs nicht komme, wie zum Beispiel Bestellungen, Putzen und Papierkram. Umso genervter bin ich dann natürlich, wenn es während dieser Zeit ständig an der Tür klopft. Meist geht es um unheimlich wichtige Dinge wie eine Retoure, die auf keinen Fall warten kann. Auch hat mir mal jemand gesagt, er habe keine Lust, seine ganze Freizeit damit zu verbringen, sein Paket abzugeben, nur weil wir so blöde Öffnungszeiten haben. Aber ich soll meine Mittagspause dafür opfern? Schon klar.

Was ich auch schon einmal gesehen habe, war ein junger Mann, der sich hartnäckig am Schalter unserer Alarmanlage zu schaffen machte. Ich riss die Tür auf und schnauzte ihn an, was er da vorhabe. Schließlich ging ich davon aus, dass er einbrechen wollte. Er konterte daraufhin ziemlich wütend, dass er schon seit über fünf Minuten klingele, aber das Scheißteil sei ja offensichtlich kaputt …

Auch heute klopft es wieder energisch. Da ich mich gerade in der Nähe der Tür befinde, mache ich ausnahmsweise auf. Der Kunde ist sehr verzweifelt und fleht mich an, ihm sein lebenswichtiges Paket auszuhändigen. Ich nehme den Zettel entgegen und sehe kurz im Lager nach. Ja genau, ein »18+«-Paket eines sehr anonymen Versandhandels in DVD-Format. Eine wirklich lebensnotwendige Sache. Ich gehe zurück zur Tür und teile dem Kunden mit, dass sein lebenswichtiger Porno leider noch etwas länger bei uns verweilen müsse, da ich Mittagspause habe. Ich muss wohl nicht erwähnen, dass er am Nachmittag mit hochrotem Kopf einige Kunden vorließ, nur um bei meiner Kollegin an die Reihe zu kommen und nicht bei mir.

Und dann ist es wieder so weit. Es ist kurz vor zwei, und ich gehe schon mal nach draußen. Dort liegen bereits Pakete von Leuten, die es nicht abwarten konnten. Darunter auch eins von der Konkurrenz. Früher hab ich die noch zu den jeweiligen Paketunternehmen gebracht.

Doch das sehe ich nicht mehr ein. Ich schicke sie an den Absender zurück. Während ich noch kurz den Müll vor die Tür stelle, drängen sich schon ein paar hektische Kunden in den Laden. Ich eile hinterher und will mich an den Leuten vorbeizwängen, um den Schalter zu öffnen. Da werde ich schon niedergemurrt: »Ich war zuerst da.« »Warten Sie, bis Sie dran sind!«

Ich füge mich meinem Schicksal und stelle mich hinten an. Ich weiß, ich werde es bereuen, doch das ist es mir wert. Nach ein paar Minuten fängt die Erste an zu motzen: »Saftladen, wo bleibt das Personal?« Ich kontere vom Ende der Schlange: »Ich bin hier, aber ich warte, bis ich dran bin.«

Nun werde ich endlich zu meinem Schalter gelassen, und der Wahnsinn geht weiter.

Während meine Kollegin und ich schon wieder am Rotieren sind, spielen zwei Kinder gerade mit unseren Porzellanengeln den Zweiten Weltkrieg nach. Als ich die Mutter freundlich frage, ob sie ihre Kinder wohl zum Waffenstillstand bewegen könne, erklärt sie mir die Grundsätze der antiautoritären Erziehung. Dass sie aber die Konsequenzen ihrer fehlenden Autorität bezahlen müsse, will sie dann auch nicht einsehen.

»Kinderfeindlicher Laden«, schimpft sie lautstark, während sie mit ihrer Brut fluchtartig den Laden verlässt … und mich auf 30 Euro Schaden sitzen lässt.

Während ich die Überreste beseitige, legt die nächste Dame gerade ihren nassen Regenschirm auf den Bücherverkaufstisch. Ich nehme ihn schnell herunter und weise sie darauf hin, dass wir vor der Tür einen Schirmständer haben. »Aber da kann er ja geklaut werden! Dann müssen's schnell draußen aufpassen, bis ich fertig bin.«

Ja, klar. Gehört zur Berufsbeschreibung: Briefe frankieren, Bankgeschäfte abwickeln und Regenschirme bewachen.

Mit dem Wetter schlägt auch schlagartig die Laune der Kunden um. Genervte Leute stehen mit ihren durchnässten Paketen vor mir und bestehen darauf, dass ich sie nicht auf den Wagen lege, sondern auf unseren Teppich im Lager, weil ihre Heiligtümer dann besser trocknen. Andere fordern einen kostenlosen Ersatzumschlag, da sie selbst ja keine Schuld daran haben, dass die wichtige Bewerbung nass geworden ist. Der nächste Kunde kommt kurz nach dem Briefmarkenkauf zurück, wütend darüber, dass die Marken nach einem Sturz in die Pfütze zusammenkleben. Wer hätte denn wissen können, dass nassklebende Briefmarken durch Nässe zusammenkleben?

So vergeht der Tag, und schon ist wieder Zeit für die Paketabholung. Die letzte an diesem Tag. Nervöses Gemurmel macht sich breit, jeder möchte seine Sendung noch an den Mann bringen. Manche kommen extra wegen des Nervenkitzels so knapp. Diskussionen beginnen, wer denn vorgelassen werden müsse, denn die Dame vor einem hat ja gar kein Paket, sondern einen Brief. Der kommt ja später auch noch weg. Die Dame ganz vorn sieht aber trotzdem nicht ein, alle vorzulassen, denn sie hat es ja auch eilig. Nach einer minutenlangen Debatte, während deren ich beide Damen locker dreimal hätte bedienen können, hat man sich endlich geeinigt, und das Paket steht vor mir. Ohne Adresse. Ich händige einen Paketschein aus und schicke die inzwischen schwer gestresste Frau zum Ausfüllen an einen der Tische. Die restlichen Sendungen sind inzwischen verladen. Der Fahrer läuft trotz Rufen und Bitten der Kunden mit Scheuklappen nach draußen. Schließlich muss er seinen straffen Zeitplan einhalten. Das unheimlich wichtige Paket der Dame hat es nicht mehr geschafft.

Nun beginnt die Fragerei: »Geht das heute noch weg?«

»Nein, tut mir leid, wir wurden schon abgeholt.«

»Das kann gar nicht sein, in der Filiale in … gehen die Pakete erst um fünf weg!«

Hier kurz zur Erklärung: Die Fahrer haben eine Route. Da man LKWs leider noch nicht beamen kann und auch Zeitreisen noch nicht erfunden sind, wird die erste Filiale früher abgeholt als die letzte. Auch hat nicht jede Filiale ihren eigenen LKW, sodass das alles zeitgleich ablaufen könnte. Das würde die Gebühren ins Unermessliche treiben, was ja auch wieder keinem recht wäre. Und für die ganz dringenden Fälle gibt es auch noch den Expressversand, der später mit den Briefen abgeholt wird. Der ist gar nicht so teuer, aber immer noch teurer als der normale Versand. Erstaunlich, wie viele Päckchen auf einmal gar nicht mehr so wichtig sind, sobald ich den Preis nenne.

Nur noch eineinhalb Stunden. Endspurt. In dieser Zeit strömen meist die gehetzten Büromenschen bei uns ein. Sie zeichnen sich dadurch aus, dass sie möglichst schnell nach Hause wollen und ohne Rücksicht auf Verluste an den Schalter stürmen.

Da wird schon mal eine Oma mit Gehstock überrannt oder die Bremse eines Kinderwagens gelöst, um den Platz vor der panischen Mutter zu ergattern. Doch obwohl es so sehr eilt, werden tausend wichtige Fragen gestellt – um sich meine Antwort bis zu Ende anzuhören, bleibt jedoch keine Zeit. Deshalb sehe ich die meisten am nächsten Tag wieder, da zum Beispiel der Brief mit der 1-Euro-Briefmarke zurückgekommen ist. Wäre man nicht nach den ersten zwei Worten meiner Antwort davongeeilt, hätte man bemerkt, dass ich »ein Euro fünfundvierzig« gesagt habe. Ist aber auch ein langer Satz, da kann man schon Verständnis für haben, dass da die Geduld fehlt.

Bald ist Feierabend. Meine Kollegin ist schon beim Kassensturz, während ich die letzten Kunden bediene. Fünf vor sechs. Der Rentneransturm. Nun kommen all die gestressten Herrschaften gehobenen Alters, um »nur noch kurz zu schauen«. Geduldig warte ich ab.

Nachdem ich zahlreiche Beratungsgespräche geführt habe, verlassen sämtliche Pensionäre, selbstverständlich ohne etwas zu kaufen, den Laden – eine halbe Stunde nach Ladenschluss.

Um sieben kann ich dann auch endlich gehen. Geschafft.

Vor der Tür steht ein etwas verplant dreinblickender Mann, der unbedingt ein lebenswichtiges Paket abholen will. Ich blicke auf den Zettel: Paketprüfung ab 18. Ich sage kein Wort, doch irgendetwas in meinem Blick bringt ihn dazu, in Todesangst die Flucht zu ergreifen.

Ach, was liebe ich meinen Job.

BESCHWERDESTUNDE – EINER MUSS JA SCHULD HABEN

DER KUNDE HAT IMMER RECHT

Es gibt Leute, die warten schon darauf, dass etwas schiefgeht. Diese Kunden erkennt man meist schon am charakteristischen Gesichtsausdruck: Mundwinkel nach unten, Hände zu Fäusten geballt und tomatenrote Gesichtsfarbe. Aber all das bräuchte ich gar nicht erst zu sehen. Ich kann solche Kunden inzwischen schon spüren. Betritt ein Exemplar dieser Spezies den Laden, ändert sich schlagartig die Atmosphäre. Sogar seine Artgenossen scheinen es zu spüren und weichen instinktiv aus.

Ich habe das Gefühl, sie freuen sich richtig darauf, endlich mal wieder ausrasten zu können. Und wenn das Unglück nicht von allein kommt, muss man eben ein wenig nachhelfen.

Eine Kundin betrat die Filiale, mit einem zurückgesandten Brief in der Hand. Er war für eine Sendung ins Ausland nicht ausreichend frankiert worden. (Hierzu muss ich kurz erklären: Ist ein Brief nicht ausreichend freigemacht, wird er gestempelt an den Absender zurückgesandt. Er ist dann mit einem gelben Zettel versehen, der problemlos abgelöst werden kann. Nur der schmale Rand des Zettels verbleibt auf dem Umschlag, um die weitere Gültigkeit der bereits gestempelten Marke zu bestätigen. Es wird ausschließlich die Differenz dazugeklebt, sodass dem Kunden kein Nachteil entsteht. Steht aber alles auf dem Zettel erklärt. Und zwar kurz, logisch und einfach geschrieben.)

So, nun stand die Kundin also bei mir. Mit einem Brief ins Ausland. Unfrankiert.

Kundin: »Ich habe diesen Brief schon einmal abgeschickt, aber der ist wieder zurückgekommen.«

Ich: »Stand denn dabei, warum?«

Kundin: »Nein.«

Ich (ich kenne ja meine Pappenheimer): »Sind Sie sicher? War da nicht vielleicht ein Vermerk, dass der Empfänger verzogen ist? Oder ein gelber Zettel?«

Kundin: »Ja, so ein Idiot hat da so einen gelben Sticker über den Empfänger geklebt. Deshalb hab ich einen neuen Umschlag genommen.«

Ich: »Aber Sie hätten die Differenz einfach aufzahlen können.«

Kundin: »Nein.«

Ich: »Wieso nicht?«

Kundin: »Da war ja der gelbe Zettel über der Adresse. Da konnte man nichts mehr lesen.«

Ich: »Der gelbe Zettel hat einen speziellen Klebstoff. Den kann man rückstandslos ablösen.«

Kundin (inzwischen sehr entnervt über die Tatsache, dass ich recht haben könnte): »Und woher soll ich das bitte wissen?«

Ich: »Das steht auf dem gelben Zettel drauf.«

Kundin (inzwischen wirklich entsetzt über meine Dreistigkeit, es so hinzustellen, als ob sie selbst Schuld hätte): »Ja, ja, versuchen Sie mal, diese winzige Schrift ohne Brille zu lesen. Und die lag im Wohnzimmer. Meinen Sie, ich renn wegen jedem Scheiß aus dem Büro und hol meine Brille?« (Ohne Witz, hat sie wirklich gesagt.)

Ich weiß, es herrscht die allgemeine Meinung vor, der Kunde habe immer recht. Aber leider hat mein Stolz es mir nicht erlaubt, ihr zuzustimmen.

STRAFE MUSS SEIN

Es gibt viele typisch deutsche Verhaltensweisen. Das Reservieren von Liegen mit Handtüchern ist wohl die bekannteste. Eine Sache fällt mir aber immer häufiger auf:

Der Deutsche möchte meist nicht nur eine Lösung für sein Problem. Das reicht ihm schon lange nicht mehr. Er möchte zudem, dass der Verantwortliche dafür zur Rechenschaft gezogen wird. Am besten vor seinen Augen. Hier ein schönes Beispiel dafür:

Ein Kunde betrat das Geschäft, bewaffnet mit einem etwas zerdrückten Paket. Ich dachte noch nichts Böses und wollte es ihm abnehmen. Ohne sich mit völlig überbewerteten Höflichkeiten wie einer Begrüßung aufzuhalten, polterte er sofort los.

»Das Paket ist so bei mir angekommen!«

Ich: »Das tut mir leid. Ist denn etwas beschädigt?«

Kunde: »Ich habe es nicht geöffnet. Der Karton ist kaputt, sehen Sie sich das mal an!«

Ich nahm das Paket, das, dem Absender nach zu urteilen, Kleidung beinhaltete, in Augenschein. Diese Kartons sind meist nur zu zehn Prozent befüllt. Wenn man bedenkt, dass die Pakete ja nicht einzeln vom Absender zum Empfänger getragen werden, sondern gestapelt auf einem Rolli, wird einem schnell klar, dass da eben mit der einen oder anderen Delle im Karton zu rechnen ist. Bei Kleidung, die eher selten zerbricht oder gequetscht werden kann, scheinen die Absender das wohl in Kauf zu nehmen. Nicht so dieser Kunde. Doch ich versuchte, die Problematik ernst zu nehmen.

Ich: »Sehen Sie doch mal in den Karton. Wenn etwas beschädigt ist, kann ich eine Schadensmeldung aufnehmen und das Paket zurücksenden.«

Kunde: »Ich werde nichts aufmachen. Das Paket ist kaputt. Ich möchte die Annahme verweigern!«

Ich: »Sie können die Annahme nicht mehr verweigern. Sie haben es ja bereits angenommen.«

Kunde: »Nein, mein Nachbar hat es angenommen. Ich will es aber so nicht haben.«

Ich: »Tut mir leid, aber wenn jemand dafür unterschrieben hat, gilt es als angenommen. Aber sehen Sie, wenn Sie es öffnen, liegt bestimmt ein Retourenschein darin. Damit können Sie das Paket kostenlos zurückschicken.«

Kunde (inzwischen nahe am Schreien): »ICH WILL ES NICHT ÖFFNEN! Ich will die Annahme verweigern.«

Ich, zu meiner eigenen Überraschung immer noch ruhig und freundlich: »Wieso möchten Sie es denn nicht öffnen? Sie haben doch keinen Nachteil dadurch.«

Kunde: »Ich will, dass die sehen, wie das Paket bei mir angekommen ist. Das geht so nicht! Da muss man was machen!«

Aha, da lag der Hase im Pfeffer. Die Diskussion ging noch eine Weile so weiter. Der Mann bestand darauf, dass er ein Recht auf einen unversehrten Karton habe. Und wenn er schon nicht für seine Umstände entschädigt werden würde, wollte er zumindest, dass der Verantwortliche an den Pranger gestellt werde – mindestens!

Ich sollte Blutdruckmedikamente mit ins Sortiment aufnehmen. Die passenden Kunden dafür habe ich ja schon.

BLICK IN DIE ZUKUNFT

Wir verkaufen Briefmarken, sind eine Western-Union-Stelle, die Postbank, beraten, beschwichtigen und prüfen. Wir tun unser Bestes, um auf all diesen Gebieten gut ausgebildet und informiert zu sein. Trotzdem kann man es nun mal nicht allen recht machen.

Eine Kundin wollte einen Scheck auf ihr Konto einzahlen. Normalerweise kein Problem, wir nehmen ihn an und leiten ihn an die Zentrale weiter, wo er binnen drei Werktagen gebucht wird. Doch in diesem Fall handelte es sich um einen Auslandsscheck. Wie wahrscheinlich allgemein bekannt sein dürfte, ändern sich die Wechselkurse sehr häufig. Aus diesem Grund wollte die Dame wissen, mit welchem Wechselkurs der Scheck denn gebucht werden würde. Diese Auskunft konnte ich natürlich nicht geben, da die Buchung ja erst nach ein paar Tagen erfolgt. Thema erledigt? Oh nein. Die gute Frau beharrte darauf, dass ich ihr diese Auskunft geben müsse.

Zur Sicherheit riefen wir die Hotline an, um uns unsere Aussage bestätigen zu lassen. Sie war richtig.

Die Diskussion war dadurch allerdings noch lange nicht beendet. »Inkompetent« war da noch einer der netteren Ausdrücke, die im darauffolgenden Gespräch fielen.

Man muss aber auch wirklich zugeben, dass ich auf dem Gebiet der Wahrsagerei tatsächlich hoffnungslos inkompetent bin ...

DIE LOGIK IST AUF MEINER SEITE, ABER DER KUNDE IST KÖNIG

Es gibt solche Tage. Tage, an denen man nicht richtig rechnen kann. An denen man das falsche Wechselgeld rausgibt. An denen einem alles runterfällt. Ich glaube, jeder kennt solche Tage. Und auch ich kenne sie.

Gott sei Dank ist dadurch bis jetzt noch nie ein Schaden entstanden, denn die Kassendifferenzen zahlen wir. Denken Sie das nächste Mal daran, wenn Ihnen die Kassiererin vielleicht zu viel Geld herausgibt. Man ist versucht, es einfach einzustecken. Was kümmert es den großen Supermarkt, ob er 20 Euro mehr oder weniger hat ... Sie haben recht: Den Supermarkt kümmert es nicht. Er kommt schließlich nicht dafür auf. Doch die Kassiererin hat ein paar Stunden umsonst gearbeitet.

Aber zurück zum Thema. Es ist mir schon hin und wieder passiert, dass mir das Geld auskommt und sich quer über den Fußboden verteilt. Was soll's. Man entschuldigt sich, und niemand ist einem böse. Auch wenn ich mal versehentlich falsch rausgebe, ist das kein Beinbruch.

Es gibt nur eine goldene Regel: Beharre nie darauf, dass du recht hast, wenn du dir nicht hundertprozentig sicher bist. Kann sonst peinlich werden …

Ich: »Das macht dann bitte 80 Cent.«

Kundin legt 10 Euro auf den Tresen: »Warten Sie, ich habe noch 20 Cent.«

Ich: »20 Cent nützen mir nichts. Aber wenn Sie vielleicht 30 haben?«

Kundin: »Nein, 20. Rechnen Sie doch mal.«

Ich: »Tut mir leid, aber wenn Sie mir 10 Euro und 20 Cent geben, dann müsste ich Ihnen 9 Euro 40 Cent zurückgeben. Das macht keinen Sinn.«

Kundin: »Ich gebe Ihnen 10 Euro und 20 Cent, und Sie geben mir neun zurück.«

Ich: »Dann hätten Sie mir aber zu viel gezahlt. Wissen Sie was, wir machen es so: Sie geben mir die 10 Euro. Dann ist es einfacher.«

Ich nehme den 10-Euro-Schein und gebe ihr 9,20 Euro zurück.

Sie sieht mich zornig an: »Ja super, jetzt hab ich die 20 Cent. Ich hab's Ihnen doch gleich gesagt, dass ich recht hab.«

ICH BIN SCHULD.
ICH WEISS ZWAR NICHT, WORAN,
ABER IRGENDETWAS WERDE
ICH SCHON GETAN HABEN...

Ich: »Möchten Sie das Paket versichert oder unversichert schicken?«

Kundin: »Unversichert. Nachverfolgen kann ich ja alles.«

Ich: »Nein, tut mir leid, Päckchen kann man leider nicht nachverfolgen.«

Kundin: »Mein Vater hat immer eine Nachforschung gemacht, wenn etwas nicht angekommen ist.«

Ich: »Eine Nachforschung können Sie natürlich schon machen, aber Sie können das Päckchen nicht online nachverfolgen und haben keinen Sendungsbeleg.«

Kundin: »Jedes Päckchen und jeder Brief kann nachverfolgt werden, sonst könnten Sie sich ja einfach alles mit nach Hause nehmen, was Sie wollen, und keinem würde es auffallen. Rein rechtlich gesehen ist die Post also verpflichtet, eine Sendungsverfolgung für alle Produkte zu haben.«

Ich: »Na gut, wenn Sie das so sehen, könnten Sie aber überall betrogen werden. Und es ist nun mal so, dass Sie nur für versicherte Sendungen einen Sendungsbeleg bekommen.«

Kundin: »Ich glaube, Sie beherrschen Ihren Job einfach nicht. Das ist absoluter Unsinn, was Sie da reden.«

Ich: »Tut mir leid, aber es ist tatsächlich so. Wenn Sie Ihre Sendung als normales Päckchen schicken, haben Sie keinen Nachweis.«

Kundin: »Mein Vater hat 30 Jahre Philatelieerfahrung! Ich glaube, ich kann das besser beurteilen.«

Ich: »Na gut, lassen wir es einfach so stehen, dass wir uns nicht einig werden. Wie möchten Sie die Sendung denn nun schicken?«

Kundin: »Mit Sendungsverfolgung.«

Ich klebe die Paketmarke auf und möchte kassieren.

Kundin: »Die Zeitung auch. Alles mit Karte.«

Ich: »Das Paket macht 6,99 Euro. Das können Sie mit Karte bezahlen. Die Zeitschrift müssten Sie bitte bar bezahlen.«

Kundin (schreit fast): »Ich möchte sofort mein Paket wieder!!«

Ich: »Wie bitte?«

Kundin: »Wenn Sie so ein hinterwäldlerischer Verein sind, dass man nicht einmal eine Zeitung mit EC-Karte bezahlen kann, dann werde ich bei Ihnen nichts mehr bezahlen. MEIN PAKET!«

Ich: »O. k., dann müssten Sie mir die Rückerstattung für die Paketmarke ausfüllen.«

Kundin: »Nichts werde ich! Ich will sofort mein Paket. SOFORT!«

Ich: »Ja, sobald Sie mir die Rückerstattung unterschrieben haben. Ich habe die Paketmarke aufgeklebt und bekomme sie nun nicht mehr herunter, das heißt, ich muss sie bezahlen, wenn Sie mir die Rückerstattung nicht unterschreiben.«

Kundin: »Unsinn, die kostet doch nichts.«

Ich: »Doch, die kann man bei mir für 6,99 Euro kaufen.«

Kundin: »Das machen Sie doch nur, um mich zu ärgern.«

Ich: »Tut mir leid, aber ich wüsste wirklich gern, was ich Ihnen jetzt eigentlich getan habe?«

Kundin: »Sie unterschlagen mein Paket! Und Sie erzählen hier totalen Unsinn. Man kann überall mit Karte zahlen. Nur bei Ihnen nicht.«

Die Kundin unterschrieb mir letztendlich die Erstattung und bekam ihr Paket wieder. Ich habe bis heute nicht verstanden, was ich gesagt habe, um sie dermaßen in Rage zu bringen, aber manche Menschen sind eben so.

KEIN AUSWEIS, KEIN PAKET!

Wir geben Pakete nur gegen Ausweis und Vollmacht heraus. Das hat den einfachen Grund, dass einfach zu viel passiert.

Einmal wollte ein Mann ein Paket abholen, das nicht auf seinen Namen lautete. Ich fragte ihn nach einer Vollmacht, woraufhin er mich nur angrinste und sagte, das wäre nicht möglich. Da läuteten bei mir natürlich die Alarmglocken.

Doch im weiteren Gesprächsverlauf stellte sich heraus, dass der gute Mann das Paket mit Hundefutter auf den Namen seines Hundes bestellt hatte. Er fand das besonders komisch, ich ahnte jedoch schon die daraus folgenden Schwierigkeiten: Erstens kann das natürlich jeder behaupten, und zweitens wird das mit der Vollmacht etwas schwierig.

Jetzt mögen viele behaupten, ich wäre pingelig, doch zu meiner Verteidigung muss ich sagen, dass eben – wie bereits erwähnt – einfach zu viel passiert.

Sollte der Mann nämlich auf die Idee kommen, die Ware nicht zu bezahlen, dann hat die Firma schlechte Karten, da die Mahnungen an den Hund gehen würden, der natürlich nicht belangt werden könnte. Ich weiß nicht, wie das rein rechtlich aussieht, aber genau das ist der Punkt: Ich kann das nicht beurteilen.

Ich kann mich nicht mehr genau erinnern, wie das Ganze ausging, es ist schon lange her. Aber schlussendlich muss ich sagen, dass Menschen, die sich Pakete auf den Namen ihres Hundes schicken lassen, sich auch nicht zu wundern brauchen, wenn die GEZ vor der Tür steht und Fernsehgebühren für den Vierbeiner verlangt. Dann sieht man im Fernsehen Berichte über die »dummen« Behörden. Und wie kann so was passieren? Weil der liebe Hund als Kunde in irgendeiner Datei gespeichert ist!

AUFMACHEN!

Seit einer Woche ging das nun schon so: Kunden standen bereits um halb neun vor der Tür, klopften, murrten und schüttelten den Kopf. Wenn wir dann um neun endlich aufsperrten, war die Laune im Keller. Beschwerden, dass wir nicht pünktlich öffnen würden, häuften sich. Doch ich war selbst jeden Tag da und weiß deshalb aus sicherer Quelle, dass sogar immer ein, zwei Minuten vor neun aufgesperrt wurde.

Was war hier los? Ich überprüfte unsere Uhren, doch da war alles in Ordnung. Aber es wäre doch ein sehr großer Zufall, wenn so viele Kunden alle die falsche Uhrzeit hätten.

Ich glaubte schon an ein Komplott. Eine Uhrenmafia vielleicht. Oder eine Neuregelung der Post, dass alle Filialen zehn Minuten vor der offiziellen Zeit zu öffnen hatten? Mich wunderte ja nichts mehr.

Doch endlich, eher durch einen Zufall, kam ich dem Geheimnis auf die Schliche: Ich war selbst spät dran, und zu allem Überfluss war auch noch meine Uhr kaputt. Ich kam gerade am Laden an und warf einen schnellen Blick auf die Uhr des Schmuckladens gegenüber. Oh mein Gott, zwei Minuten nach neun! Aber Moment. Das konnte nicht sein. Ich war um fünf vor halb neun zu Hause losgefahren. Und länger als zehn Minuten brauchte ich nie!

So klärte sich dann das Ganze auf. Die Uhr stand seit gut einer Woche still. Und zwar genau auf zwei Minuten nach neun.

Die Uhr wurde repariert, Problem gelöst. Kunden zufrieden. Meine Paranoia wegen der drohenden Uhrenmafia klang auch langsam ab.

AUCH WIR MACHEN FEHLER

Ja, die Gerüchte sind wahr: Wir sind tatsächlich auch nur Menschen. Und selbst wenn ich es nur ungern zugebe: Auch wir machen Fehler.

Da wird auf der Suche nach einem Paket schon mal ein ein Meter großer Kühlschrank übersehen. Auch bei einer zweiten Suchaktion und einer dritten … Aber ich muss zu meiner Verteidigung sagen, dass ich ein sehr schwieriges Verhältnis zu Kühlschränken habe, wie Sie später noch lesen werden.

Fakt ist: Kann passieren. Sollte es nicht, tut es aber.

Doch durch Fehler entsteht nicht nur eine Menge Frust, sondern auch eine Menge Training für die Lachmuskeln.

Schwer zu entziffern

So kam ein guter Kunde zu mir, um der Postbank mit-zuteilen, dass er umgezogen sei. Kein Problem, schnell das Formular ausgefüllt und abgeschickt. Erledigt, dach-te ich. Doch zwei Wochen später stand er wieder bei mir. Die Postbank hatte die Adressänderung nicht bearbeiten können, mit der Begründung, die neue Adresse sei nicht leserlich.

»Na ja«, versuchte ich den Kunden zu besänftigen, »das kann bei handschriftlich ausgefüllten Formularen schon mal vorkommen.«

Der Kunde schob mir das Anschreiben der Post kommentarlos rüber. Nach einem kurzen Blick darauf konnte ich den Ärger verstehen. Es war an die angeblich unleserliche neue Anschrift adressiert …

Welches Jahr haben wir?

Auch habe ich schon mal ein internes Anschreiben zurückbekommen, weil der Poststempel nicht ganz deutlich war. Tatsächlich war die Jahreszahl nicht zu 100 Prozent lesbar. Das wirft bei mir die Frage auf, wie lange denn so eine Bearbeitung dauern kann, damit das relevant wäre …

Bluten verboten – ich bin doch kein Vampir!

Ich kann kein Blut sehen. Das ist einfach so, und das können wahrscheinlich auch viele Menschen nachvollziehen. Aber vielleicht ist es bei mir ein klitzekleines bisschen stärker ausgeprägt als bei anderen. Mir wird schon schlecht, wenn mir jemand erzählt, dass er sich letzte Woche in den Finger geschnitten hat. Und es ist auch egal, ob es mein Blut oder das eines anderen ist.

So war es kein Wunder, dass ich nun am Boden lag. Ich hatte versucht, den Briefmarkenabreißer (ein circa fünf Kilo schweres Eisending mit scharf gezacktem Rand) aufzufangen. Er hatte sich gerächt. Ich muss zu meiner Verteidigung sagen: Da war eine Menge Blut. Und es half nicht, dass sich meine liebe Schwester meine Hand ansah und rief: »Iiiiiieeeh, das sieht ja eklig aus!«

Ich erwiderte nur, sie solle sich um den Laden kümmern. Ich würde hier einfach liegen bleiben – und sterben. Tatsächlich war das, im Nachhinein betrachtet, aufgrund eines zwei Zentimeter langen Schnitts wohl etwas übertrieben. Ich habe es dann doch knapp überlebt.

Meine Schwester rief eine Kollegin an, meine Hand wurde verarztet, und nachdem ich mich noch eine Weile hingelegt hatte, konnte ich wieder klar denken. Der Rest lag im Nebel. Allerdings fand ich in meiner Pause eine tolle Urkunde in meiner Tasche. Eine Tapferkeitsurkunde mit Micky Maus …

Flugpost

Ich möchte diese Geschichte erst einmal aus Sicht der Kundin erzählen: Die Dame holte, nichts ahnend, den Inhalt ihres Postfachs ab. Einen Werbebrief wollte sie anscheinend nicht haben. An der Postfachanlage gibt es nun ein Fach, in das man falsch eingeworfene Sendungen einlegen kann. Die Kundin warf ihren Brief dort hinein. Sache erledigt, dachte sie.

Doch da flog ihr der Brief auch schon an den Kopf. Überrascht schrie sie auf. Was war denn das für eine Anlage, die Briefe zurückspuckte?

Was sie nicht wusste: Meine Kollegin saß genau hinter der Anlage, sah den Brief in der Ablage und wollte ihn ins richtige Fach einwerfen. Dumm nur, dass dieses gerade offen stand …

Die liebe Technik

Wie bei den meisten Unternehmen ist die Technik auch bei uns immer ein großes Thema. Wenn der PC streikt, geht gar nichts mehr. Natürlich wäre ich in der Lage, alle Tätigkeiten ohne Buchung durchzuführen. Dazu bin ich aber nicht berechtigt. Schließlich muss alles strengstens dokumentiert, zehnfach abgesichert und verrechnet werden. Also kein PC – keine Briefmarken.

Doch manchmal spielt uns die Technik auch einen Streich, so wie dieser Kollegin:

Ganz vorbildlich waren alle Damen weit vor Ladenöffnung anwesend. Die Postfächer waren gefüllt, die Theke mit allen Geräten auf Hochglanz poliert und die

Böden gewienert. Nur eins wollte nicht klappen: Die PCs ließen sich nicht hochfahren.

Alle standen in den Startlöchern, Kunden wie Personal, doch nichts ging. Die Technik-Hotline wurde kontaktiert, der Fehler jedoch nicht gefunden. Was nun? Auf den Reparaturdienst zu warten schien die einzige Alternative zu sein. Bis dahin würden die Bildschirme schwarz bleiben.

Ein Kunde witzelte noch: »Aber angeschaltet sind sie schon, oder?«

Alle waren recht amüsiert, die Kollegin erwiderte ziemlich selbstbewusst, dass die Monitore nie ausgeschaltet seien, und drückte zur Demonstration auf den Knopf.

Siehe da! Es wurde Licht! Nach einigen Verschwörungstheorien, wie das sein könne, kam man schnell darauf, dass da wohl jemand den Bildschirm zu gründlich poliert hatte.

Sicherheit geht vor

In jeder Filiale gibt es kleine Einwurftresore, die nicht nur mit einem Schlüssel, sondern auch zusätzlich mit Zeitverzögerung ausgestattet sind. Das war der Filialbesitzerin jedoch nicht sicher genug. Was, wenn jemand den Schlüssel in die Hände bekäme? Und was ist der sicherste Ort für diesen wichtigen Schlüssel? Richtig, der Tresor. Der Fehler im Plan fiel der Kollegin am Abend auf, als sie den Tresor öffnen wollte …

Spaß muss sein. Dumm nur, wenn man selbst das Opfer ist

Haben Sie sich schon mal gefragt, warum die Leute tatsächlich auf Telefonstreiche reinfallen? Ich auch. Bis letzte Woche, wo zur Abwechslung mal ich total auf der Leitung stand.

Ich rief unsere Gebietsleitung an, um Briefmarken nachzuordern. Der übliche Weg war das nicht, aber da ich die reguläre Bestellung vergessen hatte, musste ich nun die Hotline bemühen.

Wir haben die beste und freundlichste Gebietsleitung der Welt, so war ich leicht irritiert, als mir der sonst so freundliche Mann genervt antwortete: »Na gut, aber diesmal bekommen Sie sie nur per Fax.«

Aufgrund meines schlechten Gewissens antwortete ich etwas kleinlaut: »Wie genau meinen Sie das?«

»Na, ich faxe Ihnen die Marken. Aber ausschneiden müssen Sie sie selbst.«

»Aber die kleben doch gar nicht, oder?«

»Haben Sie nicht das Spezialbriefmarkenfaxpapier?«

Da war dann auch bei mir der Groschen gefallen. Unfassbar, dass ich darauf reingefallen bin …

Passwort mit Schnupfen

Samstagabend. Ich mache, wie so häufig, neue Deko. Da wir hier abgesichert sind wie Fort Knox, ruft mich die Security an, warum ich nach Ladenschluss noch hier bin. In der Regel nenne ich mein Passwort und die Uhrzeit, zu der ich voraussichtlich fertig bin, und gut ist. Würde ich ein falsches nennen, käme sofort die Polizei. Eigentlich ein super System. Heute jedoch nicht.

Unser Passwort ist Nobelpreis. (Das ist es natürlich nicht, aber es wäre ja ziemlich bescheuert, wenn ich hier unseren richtigen Code angeben würde. Aber wir tun jetzt mal einfach so, als ob.) Die Security ruft an, ich melde mich, gebe die Uhrzeit an und murmele etwas wie »Obelbreisss«. Die Sache ist die: Ich bin total verschnupft. Gott sei Dank erkennt das der Mann vom Sicherheitsdienst und lässt es mich ein zweites Mal versuchen. Ich strenge mich wirklich an, doch am anderen Ende der Leitung herrscht Ratlosigkeit. Ich sehe mich schon von Polizisten umzingelt (wäre ja nicht das erste Mal), als die rettende Idee endlich durch mein verstopftes Gehirn kommt: Buchstabieren. Es funktioniert nicht auf Anhieb, doch Mr Safety und ich wurschteln uns da durch, und siehe da: Geschafft. Erleichterung macht sich breit. Das nasskalte Gefängnisklima hätte meiner Erkältung bestimmt nicht gutgetan.

Das etwas andere Dankeschön

Eine Dame kam mit einem Paket an den Schalter. Da sie noch keinen Paketschein hatte, ging sie nach hinten und ließ das Paket in meiner Obhut. Irgendetwas hatte ich wohl verschüttet, denn es roch hier bestialisch nach Essig. Schnell befreite ich das Paket von den Spuren, bis mir auffiel, dass die Flüssigkeit genau von dort kam. Ich teilte der Kundin das Unglück mit. Sie wollte es gerade zu ihrer Tochter nach Amerika schicken. In dem Paket befand sich auch Sauerkraut. Anscheinend ist das nirgendwo so gut wie in Bayern. Dass es sich bei der beschädigten Packung um ein Fertigprodukt handelte, das wahrscheinlich weder in Bayern gewachsen war noch dort zubereitet wurde, lassen wir mal beiseite. Die viel wichtigere Frage war nun: Was tun? Das Paket musste fort.

Kein Problem, wir haben ja unseren Verpackungsservice: kostenlose Schachteln, Klebeband und Füllmaterial. Jeder kann sich bedienen. Die Dame war begeistert, und zehn Minuten später konnte das Paket auf die Reise gehen.

Nun galt es, den Gestank, der sich mittlerweile im ganzen Geschäft breitmachte, zu beseitigen. Ich riss alle Fenster auf, wischte die Hinterlassenschaften des tropfenden Kartons auf und sprühte Duftspray. Nichts half. Scharenweise flüchteten Kunden aus unserem Nebenraum. Wie konnte dieser Geruch immer noch so penetrant sein?

Die Lösung fand sich im Papierkorb. Ohne etwas zu sagen, hatte die Dame das geplatzte Sauerkraut mitsamt allem durchnässten Füllmaterial einfach in unseren Papierkorb geworfen. Bei so viel Dreistigkeit blieb selbst mir die Spucke weg.

Dieser Fehler passiert mir nicht noch einmal. Ab jetzt wird jeder Kunde mit kontaminiertem Material strengstens überwacht.

Überraschung!

Diese Geschichte ist zwar auch mir passiert, aber auf der anderen Seite. Was genau ich damit meine?

Ich war zu Hause. Mein freier Tag. Ich nutzte die Gelegenheit, um die Spuren der vergangenen Woche loszuwerden. Mit Handtuchturban auf dem Kopf, in einen pinken Jogginganzug gewandet und, zu allem Überfluss, mit einer giftgrünen Antifaltenmaske im Gesicht saß ich auf der Couch.

Eines stand fest: Niemandem außer meiner Familie würde ich dieses Bild zumuten. Ich genoss die Ruhe. Zwar wuselte mein Stiefvater hektisch um mich herum, da er wieder spät dran war, doch das blendete ich aus. Als schließlich die Tür ins Schloss fiel, war es still. Doch nur für etwa eine Minute, dann klingelte es an der Tür. Ich war nicht im Mindesten verwundert, da mein Stiefvater fast jeden Tag seinen Schlüssel zu Hause vergaß. Es war fast wie unser tägliches Ritual, dass er aus der Tür hastete, zum Auto lief und dort bemerkte, dass etwas Entscheidendes fehlte, woraufhin er bei mir klingelte. So auch heute. Dachte ich. Erst nachdem ich den Summer betätigt und die Wohnungstür weit aufgerissen hatte, bemerkte ich, dass meine Hand ins Leere griff. Das Schlüsselbrett war verwaist. Mein Blick richtete sich in Richtung Treppenhaus, wo ich eine leichenblasse Gestalt mit weit aufgerissenen Augen sah.

Es war der Postbote. Ich weiß nicht, ob es Zufall ist, dass er seit unserer Begegnung an Aliens glaubt, aber er hat sich wohl nie wirklich von meinem Anblick erholt.

Und ich werde nie wieder die Tür öffnen, ohne vorher den Türspion zu nutzen. Zumindest nicht in diesem Outfit.

DIE KONKURRENZ SCHLÄFT NICHT

Man mag es nicht glauben, aber es gibt tatsächlich Firmen, die mit anderen Unternehmen als der Post Pakete verschicken. Und tatsächlich kommt es vor, dass wir von solchen Firmen beliefert werden. Also schauen auch schon mal die Kollegen bei uns vorbei. Dabei sind diese allerdings unterschiedlich motiviert.

Zum Beispiel wunderte ich mich des Öfteren über ein Rumsen nahe dem Türbereich. Doch ich dachte mir nichts weiter dabei. Wir hatten schließlich viele Nachbarn. Eines Tages jedoch, ich erwartete ein Paket, sah ich den Lieferwagen eines dieser Unternehmen vorfahren. Ich schloss trotz Mittagspause die Seitentür auf, als, nur knapp an meinem Gesicht vorbei, ein Paket heranflog. Es knallte gegen die Haupttür, prallte ab und landete direkt vor meinen Füßen.

»Halloo?«, rief ich um die Ecke. Der Paketfahrer, der mich bis zu diesem Moment noch nicht wahrgenommen hatte, fuhr zusammen. Man konnte ihm auf 100 Meter ansehen, dass er sich ertappt fühlte. »Oh …«, stammelte er, »ich bin ausgerutscht. Ich bin sonst immer ganz vorsichtig.«

Ich grinste nur. Nichts kaputt, kein Problem. Ich würde keiner von diesen Kunden werden. Aber sicherheitshalber trage ich nun immer einen Helm, wenn ich diesem Paketunternehmen öffne. Man kann ja nie wissen.

Das genaue Gegenteil war der Fahrer eines anderen Unternehmens.

Ich stieg gerade in mein Auto, als ein Lieferwagen vorfuhr. Ich dachte mir nichts dabei, er parkte ja immer auf unserem Parkplatz. Auch wenn ich das schon etwas mutig fand, mit einem Lieferwagen mit riesigem Firmenaufdruck ausgerechnet auf unserem Parkplatz zu stehen, und das tagelang.

Diesmal aber nicht. Ich fuhr aus der Einfahrt, da kam er mir schon hinterher. Ich möchte nicht sagen, dass er sehr dicht auffuhr, aber er hätte, ohne sich anstrengen zu müssen, meinen Kofferraum öffnen können.

Ich fahre einen Smart, da fühlt man sich von so einem Lieferwagen schon mal schnell bedrängt. Doch nicht genug, jetzt begann er aufzublenden. Immer wieder. Ich hatte schon Angst, ich hätte, ohne es zu merken, jemanden über den Haufen gefahren. Oder welchen Grund gab es sonst, sich so zu benehmen?

Ich fuhr den nächsten Parkplatz an. Der Lieferwagen parkte mich zu. Als ich aus dem Auto sprang, war ich schon ziemlich aufgelöst. Horrorszenarien gingen mir durch den Kopf: An meinem Auto war etwas kaputt, oder ich hatte jemanden angefahren. Oder da lag eine Bombe auf meinem Auto. So die naheliegendsten Dinge eben, wenn einen jemand aufblendend und blinkend fast überfährt.

Der Fahrer sprang ebenfalls aus dem Wagen: »Gott sei Dank erwisch ich dich noch. Ich dachte, ich hab dich verpasst.« In seinen Armen ein Paket. »Dann hätt ich erst morgen zustellen können.«

Na, das nenn ich mal echten Arbeitseifer!

Ebenjenes Transportunternehmen hat mir auch nach Hause Pakete geliefert. Normalerweise stellte der Fahrer sie immer vor die Haustür. Es handelte sich um ein Einfamilienhaus mit großem Tor und Wachhund. Da passierte nichts. Aber er schien die unzähligen Warnmeldungen in Radio und Fernsehen gehört zu haben: erhöhte Einbruchsrate, auch auf dem Land, Weihnachtszeit ist Diebeszeit etc.

Deshalb war er wohl auf Nummer sicher gegangen: Er hatte die Pakete in die Garage gestellt. War mir recht. Hauptsache, trocken.

Aber das reichte nicht. Man konnte die Schachteln so ja von der Straße aus sehen. Also machte er das Garagentor zu. Auch in Ordnung, ging ja niemanden etwas an, wann ich wie viel bestellte.

Aber was, wenn der Wind das Tor wieder aufwehen würde? Es war Sturm vorausgesagt.

Also drehte er den Griff um, womit er das Garagentor abschloss.

Nicht gut! Wir leben auf dem Land, hier schließt man seine Garagen nicht ab. Folglich haben wir auch keine Schlüssel dafür!

SICHER IST SICHER

»Man hört ja so viel …« ist ein Satz, den man vorwiegend von Senioren mitbekommt. Sie verstecken ihr Geld
in Brustbeuteln, verborgenen Gürteltaschen oder Ge-
heimfächern. Doch auch das andere Extrem sehe ich
des Öfteren bei der Arbeit. Da wird eben mal die Ren-
te des ganzen Monats abgehoben (denn die Banken sind
ja auch nicht mehr sicher) und in die hintere Hosenta-
sche gestopft. Aber wenn jemand in meinem Alter die
Herrschaften darauf hinweist, wie unsicher das ist, reagieren sie meist sehr ungehalten. Was mischt sich so ein
Grünschnabel da auch ein. Das würde mich ja gar nichts
angehen. Ich sollte erst mal so alt werden, dann wüsste
ich, wie der Hase läuft.

Wie gesagt, wir sehen hier so einiges, aber bei folgen-
der Geschichte waren wir dann doch alle, na ja, sagen wir
mal erstaunt.

DAS VERSTECK

Eine Kundin, so etwa 65 Jahre alt, wollte Briefmarken kaufen. Von der Tatsache überrascht, dass zehn 70-Cent-Marken tatsächlich 7 Euro kosten (wer hätte das vorher ahnen können?), hat ihr 5-Euro-Schein natürlich nicht ausgereicht. Ich rechnete damit, dass sie entweder weniger kaufen oder noch mal zum Auto gehen würde. Stattdessen fing sie an, ihre Jacke aufzuknöpfen. Als sie dann auch noch daranging, an ihrem Gürtel herumzufingern, fragte ich sie leicht irritiert, was sie denn da tue.

»Ich habe ein Geheimversteck.«

Ah, o. k., einer dieser Gürtel, die innen einen Reißverschluss haben, dachte ich. Doch nach dem Gürtel fiel auch noch die Hose. Ich traute meinen Augen nicht, als die Dame, mit heruntergelassenen Hosen, einen 100-Euro-Schein aus ihrer Unterhose fischte und sich dann, als wäre nichts gewesen, in aller Ruhe wieder ankleidete.

Manchmal wünsche ich mir wirklich Handschuhe. Und was das Schlimmste ist: Ich kann keinen Geldschein mehr anfassen, ohne mich mit einem leichten Schauder zu fragen: »Wo ist der wohl schon überall gewesen?«

TEURER VERSAND

Einen etwas unbedarfteren Umgang mit Geld hatte die folgende Kundin: Sie kam ziemlich aufgelöst in den Laden und teilte mir mit, dass sie unbedingt in den Briefkasten vor unserer Tür müsse.

Das kommt nicht selten vor. In der Eile oder in Gedanken werfen die Menschen die unmöglichsten Sachen dort hinein. Das Häufigste sind unfrankierte Briefe. Das ist dann blöd gelaufen, aber man bekommt den Brief in der Regel am nächsten Tag wieder zurück, mit dem Vermerk der Unterfrankierung. Was auch durchaus vorkommt, sind böse Briefe an Chef, Familie oder Freunde, die man nun doch bereut. Oder ein paar Autoschlüssel, die aus Unachtsamkeit mit durch den Schlitz gleiten. In diesem Fall handelte es sich um Geld. Auch keine Seltenheit. Das Wechselgeld in der einen, die Umschläge in der anderen Hand, schon landet der Inhalt der falschen Hand im Briefkasten. Ärgerlich, aber wir können in der Regel nichts machen. Für den Kunden heißt es nun warten. Gott sei Dank kommt der Fahrer immer zur selben Uhrzeit, sodass man sein Hab und Gut mit etwas Geduld wiedererlangt.

Dumm nur, wenn es einem erst nach der Leerung auffällt, wie meiner Kundin. Sie wirkte sehr nervös, aber so wirklich helfen konnte ich ihr nicht. Ich konnte ihr lediglich die Nummer des Fundbüros mitteilen, und dann hieß es abwarten. Sie würde es wohl unter »Aus Fehlern wird man klug« abhaken müssen.

Aber sie ließ nicht locker und war schon sehr aufgelöst. Dann platzte es aus ihr heraus: »In dem Umschlag waren über 10 000 Euro. Ich wollte mir ein Auto kaufen.«

Bei dieser Summe wurde auch ich bleich. Ich setzte mich ans Telefon und rief nun Gott und die Welt an, um an die Telefonnummer des Fahrers zu kommen. Einige Zeit verging, und inzwischen saß die ganze Familie der jungen Frau bei mir im Büro. Inklusive der hochschwangeren Schwester. Da ich mich schon bei der Geburt assistieren sah, begann auch ich langsam, nervös zu werden.

Doch dank eines sehr entgegenkommenden Mitarbeiters und des wirklich netten Fahrers, der seinen Feierabend opferte, um den ganzen Weg zurückzufahren, bekam die Dame ihr Geld tatsächlich komplett wieder.

Sie hat sich mit einem Blumenstrauß bedankt, was auch nicht selbstverständlich ist, mich deshalb aber umso mehr gefreut hat. Und ich habe eine Geschichte mehr zu erzählen.

ENDLICH SICHERHEIT

Es passiert ja so viel. Das wurde vor ein paar Jahren auch der Post klar.

Waren wir bis zu diesem Zeitpunkt nur mit einem Monstrum von Tresor ausgestattet, so hatte die Post nun doch endlich eingesehen, dass bei einem bewaffneten Räuber und einer Angestellten mit Tresorschlüssel auch zehn Zentimeter Stahl kein Hindernis darstellen.

Wir bekamen also eine Alarmanlage. »Ganz einfache Sache«, beteuerte unsere Gebietsleitung. »Da kommen ein paar Elektriker, die alles verkabeln, und dann wird am nächsten Tag alles installiert. Nach ein, zwei Stunden sind die wieder weg.«

Kurz vor Mitternacht des zweiten Tages setzte ich gerade Kaffee für die fluchenden Elektriker auf. Wir waren seit nunmehr acht Stunden in der »Endphase«. Das hieß, es war eigentlich alles fertig, das Ding musste nur noch auf seine Funktion getestet werden. Dummerweise wollte es eben einfach nicht funktionieren. Der Alarm ging immer dann los, wenn er eigentlich die Klappe halten sollte. Auf gut Deutsch: Er funktionierte wunderbar, solange wir uns in der Filiale aufhielten, nur verlassen durften wir sie nicht. Da sich aber keiner von uns bereit erklärte, für immer hier einzuziehen, war das alles Mist.

Was mich aber besonders erstaunte: Selbst mitten in der Nacht kamen noch Kunden herein, um Briefmarken zu kaufen. Ganz selbstverständlich, ohne sich zu wundern, dass hier tatsächlich noch jemand arbeitete.

Als mich jemand dann tatsächlich fragte, ob sein Paket am nächsten Tag ankommen würde, wenn er es jetzt aufgab, wurde es mir zu bunt, und ich verschloss trotz sommerlicher Hitzewelle die Türen.

Damals hatten wir noch einen recht kleinen Laden, Altbau. Vergleichbar mit einem zusätzlich durch zehn Kamine beheizten Gewächshaus. Das Raumklima wurde angesichts dreier schweißgebadeter Handwerker und zweier Frauen binnen kurzer Zeit sehr, na ja, nennen wir es mal »aromatisch«.

Trotzdem hielten wir durch. Immer wieder schrillte die Alarmglocke, doch immer noch nicht dann, wenn sie sollte. Vorne am Schaufenster klopfte es. Ich konnte nicht sehen, wer es war, denn wir hatten die Rollos komplett runtergelassen. Ich wollte auch gar nicht wissen, wer um diese Uhrzeit so energisch an die Scheibe hämmerte. Inzwischen war es fast ein Uhr nachts. Auch wenn hier Licht brannte, musste doch jeder vernünftige Mensch wissen, dass heute keine Post mehr rausging.

Doch der entschlossene Kunde schien es nicht wahrhaben zu wollen. Inzwischen rief er auch noch: »Aufmachen!«

Ich konnte nur den Kopf schütteln. So was Penetrantes. Meine Mutter war schon so genervt, dass sie durch die Hintertür eine rauchen gegangen war. Deshalb wunderte ich mich auch nicht, als ich Schritte im

Flur hörte. Ich drehte mich um, als uns ein bewaffneter Mann entgegensprang.

»Polizei!«, tönte es laut. Ich erschrak mich dermaßen, dass ich aufschrie.

Der Beamte nahm uns kurz in Augenschein, bis er die Situation als ungefährlich einschätzte. Er rief seinen Kollegen hinzu, der mit meiner Mutter im Schlepptau hereinkam.

»Was machen Sie hier?«, rief er laut.

»Wir bauen die Alarmanlage ein«, antwortete meine Mutter.

»Mitten in der Nacht?«

»Nein, theoretisch heute Vormittag.«

Misstrauisch sahen sich die beiden Polizisten im Raum um.

Drei schweißgebadete Männer im Blaumann, zwei recht resignierte Frauen, jede Menge Werkzeug und ein großer Tresor. Die Gesetzeshüter begannen an ihrer Einbruchstheorie zu zweifeln, doch ganz überzeugt waren sie noch nicht. Erst ein Anruf bei der Alarmanlagenfirma überzeugte sie von unserer Unschuld.

Doch wie konnte das passieren? Sicherheitsfirma und Wachdienst waren informiert, dass heute bei der Post Arbeiten an der Alarmanlage vorgenommen wurden.

Ganz einfach: Eine aufmerksame Nachbarin hatte den Alarm gehört und einen Einbruch gemeldet.

Ich muss sagen, ich schlafe viel ruhiger seit jenem Abend. Aber nicht wegen der sündhaft teuren und hochmodernen Alarmanlage, sondern vielmehr wegen unserer aufmerksamen Nachbarschaft.

HÖCHSTE SICHERHEITSSTUFE

Es gibt Kunden, die übertreiben es mit der Sicherheit auch ein wenig. Ein besonders ängstlicher Kunde sah bei seinen Geldgeschäften immer vorher und nachher auf seinen Kontostand. Da war er sehr genau. Außerdem kontrollierte er stets das Datum auf seinen Abhebungsquittungen. Schließlich könnte ich ihm ja eine alte Quittung unterjubeln. Ich verstehe zwar bis heute nicht, was ich davon hätte, aber man muss ja nicht alles verstehen. Da ich mich weigerte, ihn in unseren Terminkalender hineinsehen zu lassen, hatte er seine eigene Methode entwickelt, auf Nummer sicher zu gehen: Er sah zuerst auf das Datum der Quittung, fragte dann mich danach und stellte sich schließlich noch bei meiner Kollegin in die Schlange, um es noch ein weiteres Mal zu überprüfen.

Dieses Spiel machte er jede Woche, bis meine Kollegin ihm einmal unabsichtlich das falsche Datum nannte. Er fragte noch einige Male nach, aber sie war fest von ihrer Aussage überzeugt, woraufhin er panisch alle Kunden nach dem korrekten Datum fragte.

Seit diesem Vorfall hat er immer seinen eigenen Kalender dabei. Man kann ja nie vorsichtig genug sein.

DER POSTHUND

Meiner Mutter gehören zwei Postfilialen. Eine davon leite ich, die etwas ländlichere führt sie selbst. Und meine Mutter gibt es nur im Doppelpack, nämlich mit unserem Hund. Als sie ihn das erste Mal mitgenommen hat, war die Begeisterung groß. Kunden wie auch die Zusteller, die ihren Verteilerstützpunkt im selben Haus haben, empfanden das als willkommene Abwechslung. Doch dieser Enthusiasmus wurde oft auf eine harte Probe gestellt.

Gleich zu Anfang durfte unser Bärchen natürlich überallhin. Auch zu den Zustellern. Als diese dann zu ihren Touren aufbrachen, dachte natürlich keiner daran, die Verbindungstür zu schließen.

Das Bärchen streifte einige Zeit durch die Räume und gesellte sich dann zu meiner Mutter an den Schalter. Eigentlich ein ganz normaler Tag, doch langsam begann sich die Postchefin Sorgen zu machen. Das Bärchen rührte sich kaum und machte allgemein einen angeschlagenen Eindruck. Nicht einmal Leckerchen wollte er haben. Sie kam schon zu dem Schluss, gleich nach der Arbeit einen Tierarzt aufsuchen zu müssen, als die Postboten nach und nach zur Brotzeit eintrafen. Erst nahm meine Mutter keine Notiz davon, bis ein erster Aufschrei sie stutzen ließ. Schon auf dem Weg nach nebenan hörte sie eine weitere Schimpftirade: »Des gibt's net, meine is a weg!«

Langsam schwante ihr Böses. Im darauffolgenden Gespräch klärte sich nicht nur das Geschimpfe der Zusteller, sondern auch Bärchens plötzliche Erkrankung: Wie jeden Morgen hatte sich jeder seine Brotzeit, hauptsächlich Leberkäs und Wurstsemmeln, hergerichtet. Auf seinem Arbeitsplatz. In Schnauzenhöhe. Was soll ich sagen, Bärchen verzichtete aufs Abendessen, und die Postboten blieben an diesem Tag hungrig.

Seitdem wird die Brotzeit aber besser verstaut. Nur eine Leberkässemmel liegt immer irgendwo rum. Man bestreitet zwar, dass es Absicht ist, aber na ja …

Aber nicht nur unter den Kollegen ist Bärchen sehr beliebt. Auch der ortsansässige Kindergarten kommt an jedem Wandertag vorbei. Der Posthund ist die Attraktion im Ort. Eine der Erzieherinnen teilte uns bei einem dieser Besuche mit, dass der Kindergarten eine eigene kleine Poststelle habe. Doch dann gab es Streitigkeiten zwischen den Kindern, und die Spielpost wurde als unrealistisch eingestuft. Was sei denn das für eine Post, wo sie ja nicht mal einen Posthund habe … Inzwischen sitzt ein kleiner Plüschhusky im Kindergarten. Und die Welt ist wieder in Ordnung.

Nicht so ganz in Ordnung war jedoch der Tag einer Touristin. Ich muss vorwegnehmen, dass unser Bärchen der gutmütigste Hund der Welt ist. Wenn ihm kleine Kinder zu nahe kommen, gilt die einzige Sorge ihm, nicht dem Kind. Denn er lässt sich wirklich alles gefallen. Er hat noch nie geschnappt oder irgendetwas getan. Weder Kind, Katze oder Hund. Er ist höchstens etwas neugierig. Und mit einer Leberkässemmel sollte man ihm nicht zu nahe kommen. Das empfindet er als persönliches Geschenk an ihn.

Hier im Ort weiß das auch wirklich jeder. Keiner hätte Angst, ihn anzufassen. Touristen jedoch sind mit den Gepflogenheiten des Orts nicht immer vertraut. So kam eines Tages ein Stammkunde herein und fragte meine Mutter, ob sie denn etwas vermisse. Sie sah sich kurz um. Bärchen war weg. Das war nun auch nicht ganz ungewöhnlich. Er lag manchmal gern etwas vor der Tür, ging normalerweise aber nicht weiter. Seelenruhig, wenn auch mit einem verschmitzten Lächeln führte der Mann meine Mutter nach draußen. Der Hund lag nicht vor der Tür. Sie blickte einmal nach links, dann nach rechts – und erschrak. Bärchen saß vor der Telefonzelle. In der Telefonzelle eine leicht panische Frau mit einem, na ja, nennen wir es mal Hund, der auf Frauchens Arm kläffte, als gäbe es kein Morgen. Bärchen beobachtete die Szene sehr interessiert, froh, dass dieses Gebell endlich durch die Telefonzelle gedämpft wurde. Nach einem herzhaften Lachen konnten die Telefonzelle evakuiert und Touristin und Hund beruhigt werden.

Beim Gassigehen kann unser Bärchen ganz schön Gas geben, doch wenn er mit in der Arbeit ist, nimmt er alles ganz gelassen hin. Nur selten wird etwas mit Neugierde betrachtet, meist wird geschlafen. Doch als er einmal in der anderen Filiale dabei war, war das natürlich etwas aufregender, und alles musste beschnüffelt werden. Irgendwann kam er dann aber doch zur Ruhe und wir in unsere Routine. Er legte sich vor die Postfächer, die damals zu unserer Seite hin offen waren, und die ersten Kunden strömten herein. Alles lief normal. Ich nahm nur am Rande wahr, dass unser Hund aufgestanden war. Vermutlich, um sich die Beine zu vertreten oder etwas zu trinken – bis ich einen Aufschrei hörte. Ich schnellte herum und sah in die Richtung, aus der der Lärm kam, und erstarrte: Unser Bärchen stand vor den Postfächern, den Kopf in ebendas Fach gesteckt, das augenscheinlich gerade geleert wurde. Ich stand da wie gelähmt, während ich mir vorstellte, was wohl in dem armen Mann vorging, der in Erwartung seiner Briefe aufsperrte, woraufhin ihm der Kopf eines Hundes entgegenkam. Aller Höflichkeit zum Trotz konnte ich mich nicht entschuldigen. Ich war selbst einfach zu überrascht. Und wo kam dieses brüllende Lachen her? Oh, hoppla, das war ja ich …

Manche haben unser Bärchen sogar so sehr ins Herz geschlossen, dass sie ihm etwas zu essen mitbringen. Nicht, dass er vom Fleisch fällt. Er könnte vielmehr mehrere Jahre ohne Fressen auskommen, ohne auch nur ansatzweise seine Fettreserven aufgebraucht zu haben. Doch sein Blick sagt etwas anderes. Aber wenn er dann sein Leckerchen bekommt, wird es einem erst mal vor die Füße gespuckt, und er sieht angewidert weg. Viele Kunden sehen mich dann ganz ratlos an. Doch dafür gibt es eine einfache Erklärung: Als wir ihn bekommen haben (aus dem Tierheim), war er tatsächlich ziemlich dünn. Es hieß, er müsse mindestens fünf Kilo zunehmen. Klingt einfach, war es aber nicht. Der arme Kerl war damals ziemlich verstört und hatte einiges mitgemacht. Und er weigerte sich zu fressen. So bekam er erst einmal eine Portion Hundefutter. Er rührte es nicht an. Also reichten wir Leckerlis. Wollte er nicht. Wir boten Schinken an. Nichts. So ging es einige Zeit, bis er sich eingewöhnt hatte und endlich fraß und zunahm. Seine Angst und sein Untergewicht hat er seit Jahren vergessen. Nicht so das Prinzip von damals. Wenn ich nicht fresse, krieg ich was Besseres. Deshalb lässt er alles erst einmal fallen. Meistens holt der Futtergeber dann in Demut, ihm so etwas Widerwärtiges angeboten zu haben, etwas wirklich Gutes. Das wird dann auch gefressen. Und wenn kein Nachschub mehr kommt, das andere auch. Ein genialer Trick. Muss man erst mal draufkommen. Funktioniert aber bei Menschen nicht so gut. Ich hab's probiert. Kellner finden es aber im Allgemeinen nicht so gut, wenn man ihnen das Essen vor die Füße spuckt.

Und hier noch eine Bemerkung am Rande, um übereifrigen Tierschützern voraus zu sein: Er fährt gerne mit. Es ist nicht so, dass wir den armen Kerl acht Stunden in unserer Filiale gefangen halten, nur um ihn dann abends in seinen Zwinger zu sperren. Wir haben einen sehr großen Garten und gehen mehrmals am Tag mit ihm spazieren. Aber für ein paar Stunden ist er eben der Posthund. Und Sie müssten sein Gesicht sehen, wenn er mal aus diversen Gründen, wie zum Beispiel einer überwältigenden Paketflut und dem daraus resultierenden Platzmangel, nicht mitdarf.

Und auf eine Mitleidsbekundung möchte ich noch im Speziellen eingehen: »Der arme Kerl hat ja gar keine Decke. Der muss auf dem kalten Boden liegen.« Erstens, er ist ein Husky. Bei 30 Grad im Schatten ist die Wahrscheinlichkeit, dass er friert oder gar erfriert, eher gering. Zweitens, er hat zu Hause diverse Decken, Körbchen etc., die er alle meidet, denn sobald das Thermostat mehr als 5 Grad anzeigt (was im Laden doch meistens der Fall ist), liegt er am liebsten auf dem kühlen Laminat. Und außerdem staubt im Nebenraum eine noch nie benutzte Decke langsam vor sich hin.

ONLINE IST ALLES BESSER

Jeder, der im Einzelhandel arbeitet, kennt das Problem: Die Konkurrenz durch den Onlinehandel. Onlinehändler haben viel weniger Kosten. Keine Miete, weniger Strom, weniger Personal etc. Ganz davon abgesehen, dass ein viel größerer Kundenkreis angesprochen werden kann, da man ja nicht ortsgebunden ist. All das gibt den Internetverkäufern die Möglichkeit, viel günstigere Preise zu verlangen als der kleine Laden nebenan, der erst mal Tausende Euro erwirtschaften muss, um überhaupt seine Fixkosten decken zu können. Außerdem muss der Kunde das Haus nicht verlassen, um einzukaufen, sondern kann dies bequem von zu Hause aus tun.

Doch das ist nicht der einzige Nachteil für den Einzelhandel. Die Kunden sind von den großen Onlinekaufhäusern schlichtweg total verwöhnt. Waren können selbst vier Wochen später noch zurückgegeben werden. Ob das Produkt bereits benutzt oder beschädigt wurde, wird oft nicht wirklich geprüft oder bemängelt. Der gleiche Service wird nun auch von uns erwartet.

So hatte ein Kunde bei mir ein Buch mit Häkelanleitungen gekauft. Eine Woche später wollte er es zurückgeben. Als ich es aufschlug, fehlten ein paar Seiten. Er hat es nicht einmal geleugnet, als ich ihn darauf ansprach, und wollte allen Ernstes noch eine Szene machen, weil ich mich weigerte, die beschädigte Ware zurückzunehmen. So etwas ist inzwischen kein Einzelfall mehr. Ich erlebe es tagtäglich. Und soll dabei stets lächeln.

Übrigens noch ein weiterer Vorteil für die Onlinehändler: Es ist ein Leichtes, auf unverschämte oder sogar beleidigende Reklamationen freundlich zu reagieren, wenn man sich nicht persönlich gegenübersteht. Via E-Mail kann man viel verständnisvoller reagieren, während man leise vor sich hin flucht. Steht einem der Kunde Auge in Auge gegenüber, ist dies um einiges anstrengender.

Immer schön lächeln.
Der Kunde ist König.
Nehmen Sie sein Anliegen ernst.

Grundregeln, die selbst in den kleinsten Betrieben gelten. Aber wussten Sie, dass es sogar Studien gibt, die belegen, dass ständiges unechtes Lächeln zu Depressionen führen kann?

Ist also das Arbeiten übers Internet sogar noch gesünder?

Doch es gibt auch eine Kehrseite der Medaille: Wo bleibt der Charme einer Innenstadt ohne die ganzen kleinen, süßen Läden? Keine kleinen Einkaufsbummel mit der besten Freundin mehr. Keine strahlenden Kinderaugen, die die bunt dekorierten Schaufenster bestaunen. Keine spontanen Unterhaltungen mehr, wenn man beim Einkaufen eine frühere Kollegin oder eine Freundin, die man aus den Augen verloren hat, trifft.

Immer mehr Läden stehen leer. Und häufig beschweren sich die Menschen sogar darüber. Doch wie ernst kann ich so eine Beschwerde von einer Frau nehmen, die gerade drei riesige Pakete ihrer Online-Shoppingtour abholt?

Aber nicht genug, dass den kleinen Händlern die Kunden fehlen, es gibt auch noch besonders dreiste Leute, die sich erst im Laden beraten lassen, um dann übers Internet zu bestellen. Meiner Meinung nach ist das Diebstahl. Sie stehlen den Menschen die Zeit und kaufen dann woanders.

Viele werden nun sagen, dass die Verkäuferin ja sowieso da ist. Wo sei denn da das Problem? Doch sie nehmen ihr die Zeit, sich einem zahlenden Kunden zu widmen. Oder wie würden Sie sich fühlen, wenn Sie den ganzen Tag hart gearbeitet hätten und Ihr Chef gäbe Ihren Lohn einem anderen Mitarbeiter, weil der weniger verlangt? Kein schönes Gefühl.

Man könnte Stunden über dieses Thema debattieren, doch darüber sollen andere schreiben. Ich möchte Sie lediglich bitten, das im Hinterkopf zu behalten, und vielleicht gehen Sie ja das nächste Mal zum freundlichen Händler nebenan, auch wenn Sie dort ein paar Cent mehr bezahlen. Eine kleine Unterhaltung, ein Lächeln, vielleicht eine nette Begegnung – das ist ohnehin nicht mit Geld aufzuwiegen.

Doch nun zu den Vorteilen des Onlinehandels. Denn ohne ihn hätte ich all die witzigen Begegnungen, die nun folgen, nie gehabt.

Jedem sein passendes Körbchen

Bei Onlinebestellungen hat man zwar meist Fotos und eine Artikelbeschreibung. Doch manchmal kann das trotzdem danebengehen.

Schon den ganzen Morgen wichen wir dem fast 1,5 Meter großen Paket aus, das mitten im Raum stand, als uns endlich der ersehnte Abholschein vorgelegt wurde. Erleichtert legten wir das zwar leichte, aber furchtbar unhandliche Ding auf die Waage. Ein großer Werbeaufdruck deklarierte es als Hundekörbchen. Die Kundin starrte uns entsetzt an.

Kundin: »Oh Gott!«

Ich: »Haben Sie das Körbchen nicht bestellt?«

Kundin: »Doch, aber ich habe einen Chihuahua …«

Das Prinzip Nachnahme

Ich denke, das Prinzip Nachnahme dürfte jedem bewusst sein. Sicherheitshalber hier noch mal eine kurze Erklärung: Sie bestellen etwas, wollen aber zum Beispiel Ihre Bankdaten nicht preisgeben. Also schickt der Absender die Ware per Nachnahme. Das Paket wird zugestellt und der zu bezahlende Betrag vom Postboten oder der Schalterkraft kassiert und an den Absender überwiesen. Ein Kunde schien das Prinzip nicht ganz verstanden zu haben.

Der Kunde legte mir eine DVD auf den Tresen: »Ich will die zurückgeben.«

Ich: »O.k., da müssen Sie sich aber an den Verkäufer wenden.«

Kunde: »Die habe ich bei Ihnen gekauft.«

Ich: »Tut mir leid, aber wir verkaufen keine DVDs.«

Er legte mir einen Nachnahmebeleg hin: »Doch, ich habe die Quittung.«

Ich: »Tut mir leid, aber das ist nur ein Nachnahmebeleg. Gekauft haben Sie die DVD woanders.«

Kunde: »Dann geh ich zu Hermes, die nehmen alles zurück!«

Sie werden verfolgt

Eine weitere schöne Sache ist die Sendungsverfolgung via Internet. Eine wirklich tolle Erfindung. Man kann dadurch viel besser einschätzen, wann das Paket da ist. Und sollte es verloren gehen, dann weiß man genau, wo. So die Theorie. In der Praxis sieht das ganz anders aus.

Wer sowieso schon leicht paranoid ist, vermutet bei jedem Tag, den das Paket an ein und derselben Stelle verbringt, eine Verschwörung. Kunden, die sowieso nie zu Hause sind, wissen nun wenigstens, an welchem Tag der Postbote vor verschlossenen Türen steht, und wir haben endlich noch ein wenig mehr zu tun, da wir ja sowieso chronisch unterbeschäftigt sind. Denn sobald man irgendetwas Ungewöhnliches im Verlauf der Sendung feststellt, wen kontaktiert man dann wutentbrannt? Die böse Frau von der Post, die sowieso grundsätzlich an allem schuld ist.

Ein gutes Beispiel ist eine nette Dame, die zu uns in den Laden gestapft kam, vor Wut schnaubend. Ihr Paket war doch tatsächlich bei irgendeiner Firma abgegeben worden, die noch nicht mal in der Nähe ihrer Straße war. Da es sich um ein *extrem* wichtiges Paket (denn das sind sie immer, extrem wichtig!) handelte, wollte sie sofort wissen, was da los sei. Es nahm einige Zeit in Anspruch, sie davon zu überzeugen, dass ich nichts machen könnte, solange der Zusteller noch nicht von seiner Tour zurück war. Endlich ging sie. Keine zehn Minuten später bekam ich einen Anruf, dass das Paket bei ihr zu Hause angekommen war. Ihr Mann hatte es entgegengenommen.

Was war passiert? Ich fragte am Abend den Paketfahrer: Er hatte versehentlich bei einer größeren Auslieferung das Paket mitgescannt. Es war ihm zwar gleich aufgefallen, jedoch dauert es ein wenig, bis nach einem Storno die Sendungsverfolgung wieder zurückgesetzt wird. Hätte die gute Frau also noch eine halbe Stunde abgewartet, hätten wir uns einiges an Ärger erspart.

So gesehen erspart der Onlineeinkauf auch nicht wirklich Zeit. Und den Weg nach draußen auch nicht.

Übrigens: Mir wird sich niemals der Grund erschließen, warum man sich Hanteln für das Krafttraining bestellt und sich dann bei mir beschwert, dass man die blöden Dinger wegen der unfähigen Post selbst nach Hause schleppen muss. Ist das nicht der Sinn von Hanteln? Sie herumzuschleppen? Als würde man mit dem Auto zum Fitnessstudio fahren, um dann eine halbe Stunde auf dem Laufband zu trainieren.

SO EIN SCHÖNER TAG

Heute ist einer dieser Tage, an denen du bereits vor dem Weckerklingeln aufwachst und denkst: »Guten Morgen, Welt, ich könnte dich knutschen!«

Die Vögel zwitschern, die ersten Sonnenstrahlen arbeiten sich vor, und es riecht nach Heu und Frühling.

Ermuntert durch das schöne Wetter, beschließe ich, mein Lieblingssommerkleid anzuziehen und, zum ersten Mal in diesem Jahr, ohne Jacke rauszugehen. Nach meinem 20-minütigen Spaziergang mit dem Hund sind meine Lippen blau. Komme zu dem Schluss: »Ende Februar ist zu kalt für Mit-ohne-Jacke.« Das Thermometer gibt mir recht: Es zeigt noch nicht ganz sommerliche 8 Grad.

Doch in der Arbeit ist mir das egal, ich drehe einfach die Heizung voll hoch und schalte zusätzlich fünf Heizlüfter an. Meine Stimmung erreicht den Höhepunkt, genau wie das Thermometer. Ich freue mich auf den Tag, die Arbeit und sogar auf die Kunden.

Neun Uhr, ich öffne die Pforten. Begrüße die erste Dame, die mir gleich eine Ansage ins Gesicht klatscht, was denn eigentlich in mir vorgehe, sie so lange vor der

Tür warten zu lassen, da ich doch bereits seit zehn Minuten, mit Kaffee in der Hand, am Schalter stände.

Kontere mit einem Lächeln und wünsche ihr, nachdem sie ihre zwei Marken gekauft hat, einen schönen Tag.

»Von wegen, den haben Sie mir schon versaut«, antwortet sie.

Aber das kann mir die Laune nicht verderben. Ich genieße meinen Kaffee, und meine Tastatur genießt ihn gleich mit, habe die halbe Tasse gerade drübergekippt. Während ich eine halbe Stunde damit beschäftigt bin, das Zeug, das sich von einer halben Tasse auf drei Liter vervielfältigt hat, aus den Buchstaben zu kriegen, steht bei meiner Kollegin eine Riesenschlange an.

Als ich endlich wieder einsatzfähig bin, hält mir gleich der erste Kunde, ein älterer Herr, einen Vortrag über die Arbeitsmoral der heutigen Jugend. Man würde faulenzen und Kaffee trinken, während die Arbeit liegen bleibe. Das hätte es zu seiner Zeit nicht gegeben. Da war nichts mit Kaffeepause. Da wurde zwölf Stunden durchgebuckelt. Ich frage, was er denn gearbeitet habe. Er antwortet, er sei bis Mitte 30 als Beamter tätig gewesen, dann aber in Frührente gegangen, da ihn der Job zu sehr aufgewühlt habe. Lasse das unkommentiert.

Ich versuche krampfhaft, meine gute Laune aufrechtzuerhalten, während mir die nächste Kundin ihr Leid klagt: »Ich kriege meine Post immer um Punkt elf. Aber gestern ist sie erst um halb zwölf gekommen. Das geht doch nicht. Wie soll man sich da denn drauf einstellen? Unzumutbar.«

Alle Beschwichtigungsversuche scheitern. Sie möchte eine offizielle Beschwerde einlegen. Auch über mich. Mir ist nicht ganz klar, warum, da ich mit der Zustellung nichts zu tun habe, aber sie besteht darauf, dass ich mitverantwortlich sei.

Um zehn nach zwölf gehe ich aus dem Laden, um mir etwas zu essen zu holen. Natürlich werde ich gleich von einem Kunden abgefangen. Er scheint hier nur auf mich gelauert zu haben.

»Ich habe hier noch einen Brief.«

»Tut mir leid, aber wir öffnen erst wieder um 14 Uhr. Aber Sie können sich am Automaten eine Briefmarke kaufen.«

»Der geht nicht. Das habe ich schon probiert«, erwidert er genervt.

Ich biete ihm meine Hilfe an, was er entschieden ablehnt: »Wollen Sie sagen, ich bin zu blöd dafür? Das ist eine Frechheit!«

Ich versuche, diplomatisch zu bleiben. Der Automat bereitet tatsächlich mehreren Kunden Probleme, da sie die Anweisungen konsequent ignorieren oder falsch verstehen. Eines der häufigsten Probleme ist die vorletzte Frage nach dem Wechselgeld. Es gibt nämlich keins. Der

Drucker wirft den Differenzbetrag in Briefmarken aus. Deshalb kommt am Schluss die Frage, ob man damit einverstanden sei, den Wechselbetrag auf diese Weise ausgezahlt zu bekommen. Antwortet man darauf mit »Nein«, wird der Vorgang abgebrochen.

»Ich helfe Ihnen, der Automat ist etwas kompliziert.«

Der Kunde lässt sich dazu breitschlagen. Wir werfen gemeinsam das Geld ein, wählen den gewünschten Wert, und dann kommt besagte Frage.

»Sie müssen auf ›Ja‹ drücken«, erkläre ich ihm.

»Ich will den Rest aber nicht in Briefmarken«, kontert er.

»Aber anders geht es nicht. Es sind doch nur 10 Cent.«

Nach einem wutentbrannten Monolog, welche Abzockermethoden das doch wären, rauscht der Kunde schließlich ab.

Ich hingegen stehe bei der Metzgerei vor verschlossener Tür und bekomme kein Mittagessen. Ich erwische mich bei dem Gedanken, was für blöde Öffnungszeiten das doch seien.

Aber am Nachmittag wird es bestimmt besser. Bei einem solchen Wetter müssen die Leute doch gute Laune haben. Hoffnungsvoll sperre ich die Tür auf.

Doch keine Besserung in Sicht. Da bald der Erste des Monats ist, möchte jeder Zweite seinen Kontostand wissen. Ist das Geld noch nicht da, bin natürlich ich schuld.

»Ich krieg mein Gehalt immer am 30.!«, schimpft eine Kundin. Als ich sie darauf hinweise, dass heute erst der 29. sei, nimmt sie es nicht wirklich zur Kenntnis, sondern schimpft weiter, dass die Postbank viel zu langsam sei.

Dank vieler ähnlicher Diskussionen wächst die Schlange beständig. Ich höre ärgerliches Stöhnen und ungeduldiges Seufzen. Ein paar Leute tippeln sogar mit den Fingern auf dem Tresen, während ich die Karte durch den Schlitz ziehe. Als ob es dadurch schneller gehen würde. Ich versuche, mich nicht darüber zu ärgern. Mir bleibt ja immer noch der Feierabend. Ich werde das Wetter in vollen Zügen ausnutzen. Spazieren gehen, im Garten arbeiten, draußen lesen …

Während ich so vor mich hin träume, fängt es an zu donnern. Als daraufhin ein Sturzbach vom Himmel kommt, leert sich der Laden langsam. Aber es ist ohnehin bald Feierabend. Komme mir angesichts der neuesten Wetterverhältnisse mit meinem Sommerkleid etwas lächerlich vor. Was soll's. Noch schnell einkaufen, dann nichts wie ab nach Hause. Beim Abschließen stelle ich fest, dass mein Reserveschirm geklaut worden ist. Habe ich erwähnt, dass mein Kleid weiß ist?

Pitschnass komme ich am Supermarkt an. Ziehe alle Blicke auf mich, allerdings nicht auf positive Weise. An der Kasse ist vor mir eine riesige Schlange. Ich will nur noch nach Hause. Ich seufze laut und trommele mit den

Fingern auf das Kassenband. Als mir die Kassiererin einen schönen Abend wünscht, blicke ich sie, in meine Gedanken vertieft, nur mürrisch an. Wenn die wüsste, was ich für einen Tag hatte. Lauter mürrische Kunden, die nicht mal die Höflichkeit haben, zurückzu–

In dem Moment geht mir ein Licht auf. Na ja, manchmal bin ich eben auch nur ein Kunde.

WEIHNACHTSWAHNSINN

Jeder, der in einer Postfiliale arbeitet, hat sie schon einmal gehört, die Frage aller Fragen: »Kommt das noch an?«

Meist kann ich auch getrost mit Ja antworten. Wenn ein Kunde aber an Heiligabend, kurz vor Ladenschluss, vor mir steht, um das Geschenk für seine Nichte noch an die Frau zu bringen, kann selbst ich mir den ironischen Unterton nicht verkneifen.

Ehrlich gesagt ist für mich noch nicht wirklich Weihnachten, wenn nicht am Heiligen Abend, kurz vor Ladenschluss, jemand kommt und fragt: »Ist das bis zur Bescherung dort?«

Ich habe das Gefühl, dass es jedes Jahr schlimmer wird. Die Menschen werden immer gereizter, und an Weihnachten geht nur noch um die Geschenke. Und ich finde es schrecklich, dass Familien nicht gemeinsam Weihnachten feiern können, nur weil Mutter oder Vater noch bis spätabends an der Kasse im Supermarkt sitzen muss.

Am liebsten wäre es mir, an Weihnachten gar nicht aufzumachen. Aber das dürfen wir nicht. Mir sind die Hände gebunden, da wir verpflichtet sind, jeden Werktag zumindest ein paar Stunden zu öffnen. Natürlich ließe sich auch noch eine Menge Umsatz machen, da ja gerade Männer bekannt dafür sind, ihre Einkäufe in letzter Minute (und zwar wortwörtlich) zu tätigen.

Aber all das ist mir egal. Ich darf nicht ganz schließen, doch was ich tun kann, ist, unseren Angestellten freizugeben. An Weihnachten arbeite ich allein. Und zwar nur so viel wie nötig. Ich arbeite allein, und ich schließe früher. Jedes Jahr. Und jedes Jahr ziehe ich mir dabei den Zorn sehr vieler Menschen zu, die mich deshalb als Unmenschen sehen.

Mir wird vorgeworfen, ihren Kindern das Weihnachtsfest verdorben zu haben, weil Mami das Geschenk, das sie in letzter Sekunde noch bestellt hatte, nicht mehr abholen konnte, weil sie vor verschlossenen Türen stand. Ich habe Weihnachten verdorben, weil der gehetzte Ehemann keinen lieblos verpackten Parfümeriegutschein für seine Frau bei mir kaufen konnte. Was ist denn los mit unseren Familien, dass wir uns die schönste Zeit des Jahres durch ein fehlendes Geschenk ruinieren lassen? Dass wir uns die besinnliche Adventszeit durch stressige Streifzüge durch überfüllte Läden und überteuerte Onlineshops verderben lassen, anstatt einmal innezuhalten und uns um das zu kümmern, was wirklich wichtig ist: Zeit mit der Familie. Zeit mit Freunden. Oder auch einfach mal Zeit für uns selbst.

Viele denken, ihre Kinder fänden Weihnachten ohne einen Berg von Geschenken nicht mehr schön. Doch fragen Sie sie mal: Was wäre ihnen wohl lieber? Spieleabende, Weihnachtsbacken und Weihnachtsmarktbesuche mit den Eltern – oder ein Berg Geschenke? Sie werden überrascht sein, was die lieben Kleinen Ihnen antworten werden ...

Aber zurück zu uns. Ich kann meinen Job nicht ändern. Will ich auch nicht. Und da der Dezember nun mal die umsatzstärkste Zeit ist, nicht nur für den Einzelhandel, sondern auch für die Post, haben wir in dieser Zeit viel Arbeit.

Zur sogenannten staden Zeit brauchen wir starke Nerven. Arbeiten im Akkord, gestresste Menschen, wohin man blickt, und immer schön lächeln. Wir tun unser Bestes. Lassen Schimpftiraden über uns ergehen und versuchen, stets freundlich zu bleiben. Doch auch wir sind nur Menschen.

Auch ich habe schon einmal jemandem die Briefe um die Ohren gehauen, weil ich zum hundertsten Mal an diesem Tag angeschnauzt wurde. Aber eigentlich haben wir uns gut unter Kontrolle, wenn es auch manchmal wirklich schwer ist.

SCHNEE IM WINTER

Es war zur Abwechslung mal ein wirklich kalter Dezembertag. Samstag. Der Shoppingtag schlechthin. Es war glatt, und auf den Straßen herrschte Chaos. Wir waren extra eine Stunde früher aufgestanden, um vor Öffnung des Ladens noch Schnee zu räumen. Als gegen eins der vorweihnachtliche Wahnsinn endlich vorbei und die Tür abgeschlossen war, mussten wir nur noch warten, bis der Paketfahrer eingeladen hatte. Wir standen vorne an der Kasse, durch die offene Hintertür zog ein eisiger Wind.

Nichts Böses ahnend unterhielten wir uns, als sich plötzlich eine Frauenstimme einmischte.

Vor uns stand eine Dame mittleren Alters. In einem Satinschlafanzug mit Animal-Print, darüber ein Pelzmantel. Ich war höchst beschäftigt damit, aufgrund dieses Anblicks nicht laut loszugrölen, aber meine Kollegin war geistesgegenwärtig genug, um die Dame höflich darauf hinzuweisen, dass wir schon geschlossen hätten.

Sie schien sich aber nicht sonderlich für unsere Öffnungszeiten zu interessieren: »Ich möchte mein Paket abholen.«

Ich: »Tut mir leid, aber wir haben den Computer schon runtergefahren.«

Kundin: »Ich brauche mein Paket.«

Ich: »Tut mir leid, am Montag wieder. Ich muss Sie bitten, jetzt zu gehen. Wir haben geschlossen.«

Kundin: »Ich geh nicht weg. Ich will mein Paket.«

Ich, inzwischen leicht genervt: »Dann hätten Sie früher kommen müssen.«

Kundin: »Ich bin nur wegen dem Schnee so spät dran, sonst hätte ich es grad noch geschafft.«

Ich: »Aber es schneit ja nicht erst seit gestern. Dann hätten Sie eben früher aufstehen müssen.«

Kundin, inzwischen schreiend: »Unverschämt. Was geht Sie das an? Und überhaupt, bei diesem Wetter sind Sie verpflichtet, länger aufzulassen. Sie müssen sich ja darauf einstellen, dass die Leute länger brauchen. Ist ja alles vereist.«

Genau, schließlich ist es ja meine Schuld, dass das Wetter so schlecht ist. Wer könnte so was im Dezember auch ahnen …

GOLD UND GLITZER

Weihnachtszeit ist Glitzerzeit. Alles, was wir im Laden haben, ist über und über mit Silber und Gold beklebt. Na ja, beklebt ist wohl übertrieben.

Ich glaube ja, dass Weihnachtsschmuckhersteller irgendwo eine sadistische Ader haben. Kleber für 10 Gramm

Glitzer, und dann werden mal locker 100 Gramm drüber-
gestreut.

Merry Christmas, der Laden glänzt. Und zwar alles.
Der Boden, die Tische, die Theke, ja sogar der Hund und
die Kunden. Mein Tresen ist so mit dem Zeug bedeckt,
dass sich im Ort das Gerücht ausbreitet, wir hätten einen von der Post vorgeschriebenen Vergoldungsservice
für Briefe im Angebot.

Doch heute stört mich das nicht. Nur noch eine halbe Stunde bis zur Mittagspause. Meine Kollegin hat mich
zwar allein gelassen, aber das macht nichts. Die Kunden
sind alle freundlich. Selbst zuvor maulende Herren lächeln mich freundlich an. Heute ist wohl ein guter Tag.
Alle sind fröhlich, selbst der sonst so miesepetrige Fahrer grinst.

Ich bin zufrieden. Mittags sperre ich zu und laufe
zum Metzger. Auch dort ein erheitertes Klima.

Zurück im Laden, will ich mir noch kurz die Hände
waschen. Was ich im Spiegel sehe, lässt mich zurückschre-
cken. Denn ich habe viele schlechte Angewohnheiten,
eine davon ist, dass ich mir immer, wenn ich nervös oder
gestresst bin, an die Nase fasse. Und heute war ein sehr
stressiger Tag. Ein stressiger Glitzer-Weihnachtstag, weshalb ich Rudolph in höchstem Maße Konkurrenz machen
könnte, denn meine in Gold und Silber blinkende Nase
leuchtet wohl deutlich weiter als nur bis zum Nordpol.

EIN POSTALISCHER ADVENTSKALENDER

Dienstag, 1. Dezember

Der Tag beginnt friedlich. Noch muss die Menschenmasse, die kurz vor neun vor unserer Tür steht, nicht von der Security gebändigt werden. Alle stellen sich gesittet in eine Reihe, doch das wird sich ändern. Heute ist der Stichtag. Alle außereuropäischen Pakete, die heute noch abgegeben werden, kommen höchstwahrscheinlich rechtzeitig an. Dieser Stichtag ist genauso viel wert wie die Versprechungen eines Kanzlerkandidaten. Vielleicht wird es tatsächlich so sein, aber wirklich dran glauben sollte man nicht. Doch die Menschen klammern sich an diesen Termin.

Und so geht es rund, als um kurz vor halb vier der Paketwagen vorfährt. Menschen werden zur Seite gedrängt, eine Mutter benutzt ihren Kinderwagen, um, einem Panzer gleich, alle zu überrollen. Eilig lädt der Paketfahrer seine Ladung ein, um dem Chaos zu entkommen, doch

da haben sich schon ein paar Menschen zusammenge-
schlossen. Die eine Hälfte füllt panisch Paketscheine aus,
während die andere Hälfte den LKW umzingelt hat. Ich
sehe dem Fahrer an, dass er mit dem Gedanken spielt,
einfach Gas zu geben, doch letztendlich resigniert er. Er
öffnet erneut seine Rampe und lädt ein, bis der LKW
voll ist. Mit viel gutem Zureden kann er eine Dame davon überzeugen, dass er mit einem 20-Kilogramm-Kof-
fer auf dem Schoß nicht bis nach Augsburg fahren könne, und so ist er endlich entlassen. Meine Kollegin und
ich bleiben zurück. Mit der wütenden Meute. Sehnsüch-
tig schaue ich ihm hinterher, wie er in die Freiheit fährt.

Mittwoch, 2. Dezember

Die benachrichtigten Pakete nehmen langsam zu, doch
noch lässt sich alles gut im Lager verstauen. Bis auf drei
Pakete, die wir wegen ihres Gewichts lieber nicht zu oft
bewegen. Laut der Außenverpackung handelt es sich um
einen Kühlschrank, einen Minibackofen und einen zer-
legten Küchentisch. Na prima. Hoffentlich werden die
bald abgeholt.

Gegen Mittag bin ich bereits so oft im Slalom um
die blöden Pakete herumgelaufen, dass ich mich fühle
wie in einer Achterbahn. Ich versuche, die Übelkeit und
das Schwindelgefühl zu verdrängen, und begrüße meine

nächste Kundin. Eine Dame, die kaum über den Schalter sieht, den Gehstock in der einen Hand, mit der anderen sucht sie zittrig in ihrer Handtasche herum. Endlich legt sie mir den Paketschein hin. Natürlich: der Kühlschrank, der Minibackofen und der Tisch. Ich frage sie hoffnungslos, ob sie denn wisse, was sie da bestellt habe. Freudig erzählt sie, wie stolz sie auf ihre Enkelin sei, der sie bei der Einrichtung für die erste eigene Wohnung helfen wolle. Natürlich hat sie niemanden mitgebracht, der ihr beim Tragen hilft. Soll ja für alle eine Überraschung sein.

Meine Kollegin und ich tragen die Pakete im Wechsel nach draußen, da ja einer immer am Schalter bleiben muss. Die Dame drückt uns dann auch 5 Euro in die Hand, was eigentlich wirklich großzügig ist, die Kosten für meinen Physiotherapeuten aber nicht einmal ansatzweise deckt. Na ja, der muss ja auch von was leben.

Donnerstag, 3. Dezember

Der Weihnachtswahnsinn nimmt seinen Lauf, die Schlange reißt nicht ab. Während meine Kollegin neben mir mit einer Kundin diskutiert, warum sie die zwei Meter langen Skier als Sperrgut verschicken müsse, habe ich eigene Probleme. Meine Kundin möchte ein – anscheinend sehr wertvolles – Paket nach Indien schicken. Nachdem wir uns nach langem Wortgefecht endlich einig sind, dass der Preis für die Höherversicherung auf 2000 Euro nicht verhandelbar ist, fällt mir die Zollerklärung ins Auge: Socken, 20 Euro wert. Ich weise sie darauf hin, dass sie sich bei falschen Angaben strafbar macht und ihren Versicherungsschutz verliert. Daraufhin überrollt mich eine Lawine aus Schimpfwörtern, wovon »kleinkariert« noch das höflichste ist.

»Oh du fröhliche-e, oh du selige-e …«

Freitag, 4. Dezember

Es gibt eine sehr schöne Einrichtung, bei der man Briefe an das Christkind schicken kann. Die werden tatsächlich alle beantwortet. Und um allen gerecht zu werden, gibt es natürlich auch Briefe an den Weihnachtsmann. Diese Aktion wird von den Kunden sehr gerne angenommen. Aber auch hier gibt es einige dreiste Ausnahmen. So auch heute. Ein Kunde wirft mir einen Brief hin. Ich frankiere ihn und verlange 62 Cent. Der Kunde blickt mich entgeistert an. »Sie können doch dafür kein Geld verlangen!«

Ich frage verdutzt nach dem Grund.

»Na, das Christkind gibt's doch gar nicht. Sie können doch kein Geld verlangen, wenn der Brief an eine erfundene Person geht!«

Ich sehe aus dem Augenwinkel verstörte Kinderaugen und entsetzte Eltern und senke die Stimme: »Aber die Personen, die die Briefe beantworten, sind real. Also müssen Sie auch Porto bezahlen, denn die Briefträger, die die Briefe zustellen, die sind auch real.«

Der Mann poltert, dass es sich bei dem Ganzen um ein Komplott der Post handele, um Eltern in Zugzwang zu bringen, die Briefe abzuschicken und der Post die überhöhten Wucherpreise in den Rachen zu werfen. Dann knallt er mir das Geld auf den Tresen und rennt hinaus. Ich sehe seinen Mercedes davonfahren. 62 Cent ärmer. Vielleicht sollte die nächste Spendensammlung zu seinen Gunsten gehen.

Samstag, 5. Dezember

Das Wochenende naht. Ich brauche es dringend. Und auf die Gefahr hin, dass ich mich wiederhole: Die Schlange reißt nicht ab. Die Menschen stehen durchgehend bis zur Tür, vorwiegend Rentner. Es ist ein Phänomen, dass Rentner bewusst zu den Stoßzeiten kommen. Kurz vor Ladenschluss, vor einem Feiertag oder eben samstags. Ich habe die Theorie, dass ältere Menschen die Kundenfrequenzen studieren. Ich glaube sogar, dass es da eine Untergrundorganisation gibt, die Seniorenspione. Und dann wird zur Hauptgeschäftszeit geshoppt. Sonst ist ja

nix los. Wer will denn schon sofort drankommen? Da kriegt man ja nicht mit, was so passiert im Dorf.

Eben so einen älteren Herrn habe ich gerade vor mir. Er zählt seine zwei Euro zwanzig gerade zum zweiten Mal ab, und wir kommen schließlich einstimmig zu dem Ergebnis, dass er die 6,99 Euro für sein Paket damit nicht begleichen kann. Die nächste Dame sucht fast drei Minuten nach ihrer Kontokarte, bis ihr schließlich klar wird, dass sie ja eigentlich zum Bäcker wollte. Der nächste Kunde ist ein Mann mittleren Alters, der mir geradeheraus an den Kopf wirft, dass er in der Stadt nie so lange anstehen müsse, aber hier auf dem Lande dürfe man von den Postangestellten wohl nicht zu viel Arbeitseifer erwarten. Meine Antwort behalte ich für mich. Wir Landeier sind ja eh viel zu langsam, um schlagfertig zu sein.

Sonntag, 6. Dezember, Nikolaus

Auch wenn viele unserer Kunden es nicht wahrhaben wollen: Ich habe tatsächlich auch ein Privatleben. Ich habe nach Ladenschluss den gleichen Weihnachtsstress wie alle anderen auch. Auch ich muss neben der Arbeit Geschenke besorgen und Erledigungen machen. Und auch ich feiere heute mit meinen Neffen Nikolaus, habe mir Gedanken über ein Geschenk gemacht, gekocht und

geputzt. Aber im Gegensatz zu all den armen gestress-
ten Menschen, die in ihren gemütlichen Büros sitzen,
pünktlich um fünf Feierabend machen und nur beim
Einkaufen Stress habe, haben all die armen Menschen im
Einzelhandel diesen Stress zusätzlich zu Überstunden,
Urlaubssperre und verlängerten Öffnungszeiten.

An dieser Stelle ein dickes Lob und ein herzliches
Dankeschön an all die Kassiererinnen, Verkäufer und
Beraterinnen, die trotz allem immer noch ein freundli-
ches Lächeln auf den Lippen haben.

Montag, 7. Dezember

Ich fühle mich wie gerädert. Mir fehlt ein fauler Sonntag.
Man merkt es mir äußerlich zwar kaum an – bis auf die
Tatsache, dass ich meine Jeans falsch herum trage und in
der Eile den Spiderman-Pullover meines Neffen überge-
zogen habe –, aber innerlich bin ich nicht ganz auf der
Höhe. Ständig gebe ich falsch raus, was den Kunden leider immer nur dann auffällt, wenn es zu meinen Gunsten passiert, oder verspreche mich. Ich bin mehr als froh,
als der Feierabend zum Greifen nahe rückt, und rufe der
letzten Kundin noch beherzt »Frohe Ostern« hinterher.
Wieder ein Tag, den ich im Kalender streichen kann.
Bleiben noch 17.

Dienstag, 8. Dezember

Es wird immer schlimmer. Die Menschenmengen nehmen immer mehr zu, die Tür lässt sich inzwischen nicht mehr schließen, die maximale Menschendichte ist erreicht. All das scheint die Dame vor mir aber nicht zu stören: Sie überlegt seit inzwischen zehn Minuten, welches Briefmarkenmotiv sich wohl am besten auf ihren Weihnachtskarten machen wird. Doch eines hat sie schon deutlich gemacht: Wirklich gefallen will ihr keine der Marken. »Die einzig schöne Marke ist die mit Zuschlag, aber die kostet zu viel.« Ich stimme ihr mitfühlend zu. Bei 23 Cent mehr pro Marke kommen wir bei den dreien, die sie benötigt, auf fast einen Euro. Unzumutbar ist das. Währenddessen wird die Schlange immer länger. Das Ganze zieht sich schon so lange hin, dass sich soziale Organisationen bilden und Wasser und Decken an die Wartenden verteilen. Ich habe inzwischen resigniert. Dankbar nehme ich von einem der freiwilligen Helfer einen Kaffee entgegen. Das wird wohl noch dauern.

Mittwoch, 9. Dezember

Heute ist nur ein halber Tag, denn wir haben mittwochnachmittags geschlossen. Ich nutze diese Zeit, um im Laden alles etwas aufzufüllen und zu putzen. Bereits nach kurzer Zeit klopft es das erste Mal wie wild an der Tür. Ich öffne, sage, dass wir geschlossen haben, diskutiere eine gefühlte Ewigkeit und schließe wieder ab. Das Ganze wiederholt sich etwa zehn Mal, was zur Folge hat, dass ich nach zwei Stunden noch nicht einmal mit Wischen fertig bin. Ich versuche also eine andere Taktik: Ignorieren. Ich weiß, das werde ich morgen bereuen, aber schließlich will ich irgendwann auch mal nach Hause. Als ich endlich fertig bin, ist es schon dunkel. Ich schließe ab und stelle fest, mich getäuscht zu haben: Ich bereue es schon jetzt: Ich habe nicht nur einen Fußabdruck auf der Eingangstür, sondern meine Weihnachtsdekoration wurde komplett verwüstet.

Tja, »Lasst uns froh und munter sein …«

Donnerstag, 10. Dezember

Nachdem ich am Vorabend noch eine Stunde drangehängt habe, um die zerstörte Dekoration zu erneuern, ist meine Laune nicht gerade die beste. Doch das darf ich natürlich nicht zeigen, denn im Gegensatz zu den Kunden, die ihre Wutausbrüche ganz ungeniert an uns auslassen, fehlt mir generell das Recht auf Gefühlsregungen. Ist gesetzlich so vorgeschrieben. Also zeige ich mein schönstes Lächeln, während mich mein Kunde anraunzt, wie man denn am Nachmittag geschlossen haben könne. Das wäre unmenschlich. Wie soll ein gesetzestreuer, arbeitender Bürger denn da seine Geschäfte erledigen? Als ich mich tatsächlich erdreiste zu sagen, dass ich nun mal am Mittwoch die Dinge erledigen müsse, die während der Arbeit liegen bleiben, wirft er mir vor, es wäre ja nicht sein Fehler, wenn ich so schlecht organisiert sei.

Mal ehrlich: Wir haben täglich bis 18 Uhr geöffnet. Außer Mittwoch. Da wird sich doch wohl ein passender Tag finden, um seine Post abzugeben. Aber ich muss mich besser organisieren. Schon klar.

Freitag, 11. Dezember

Die Pakete werden mehr, die Kunden zunehmend gereizter. Und mitten in der Menge ein bekanntes Gesicht. Die ältere Dame, deren Enkelin bald umzieht. »Der Kühlschrank funktioniert nicht.« Ich ahne, was kommt. Natürlich hat sie den Kühlschrank im Auto, natürlich kann ihr keiner beim Transport helfen, da die Sache ja geheim ist, und natürlich erwartet sie von uns, dass wir ihn hereintragen. Ich spare mir die Frage, wie sie das Paket denn ins Auto gebracht hat, und trage den Kühlschrank herein. Als ich einen Schmerzenslaut von mir gebe, als ein lautes Knacken die endgültige Deformation meiner Wirbelsäule verkündet, verzieht sie nur missbilligend den Mund.

Die Jugend von heute hält nichts mehr aus. Daraufhin darf ich mir einen spannenden Monolog darüber anhören, wie sie damals mit bloßen Händen ein ganzes Dorf neu aufgebaut hat. Ohne Schuhe selbstverständlich, denn man hatte ja damals nichts. Ja, nicht einmal Kühlschränke! Gute alte Zeit.

Samstag, 12. Dezember

Die Pakete nehmen heute kein Ende. Aber nicht die kleinen, süßen Plätzchenpakete, sondern mittelgroß bis riesig und ausschließlich sauschwer. Was schenken sich die Leute heutzutage zu Weihnachten? Hanteln? Ich sehe resigniert auf das Werbeetikett eines Kartons: www.fitnessundwirklichschwerehanteln.de. Lag ich ja gar nicht so falsch. Eins ist klar, ich bin gut im Training. Mir macht so schnell keiner was vor. Im Augenwinkel sehe ich drei Muskelmänner ein Paket auf die Waage wuchten. Ich scanne es und trage es mit einer Hand zum Paketwagen.

Sonntag, 13. Dezember

Lag den ganzen Tag mit Wärmepflaster im Bett. Ich habe die Vermutung, nie wieder aufstehen zu können. Der Gedanke, morgen nicht wieder arbeiten zu können, treibt mir die Freudentränen in die Augen.

Montag, 14. Dezember

Reden wir nicht drüber. Ganz ernsthaft. Jeder, der Weihnachten noch erleben will, spricht mich nicht auf diesen Tag an.

Dienstag, 15. Dezember

Die Woche liegt wie eine unendliche Wüste vor mir. Sie nimmt kein Ende. Aber vielleicht wird es ja heute gar nicht so schlimm. Doch diese Hoffnung wird schnell widerlegt. Gestresste Menschen, wohin man sieht. Ich habe den Überblick verloren, wer als Nächstes dran ist. Von allen Seiten drängen Leute heran. Ein wütender Mann mischt sich darunter. Er wurde draußen zugeparkt. Die Dame, die dafür verantwortlich ist, weigert sich aber vehement, ihren Platz in der Schlange zu verlassen. Nach einer kurzen Rangelei verlässt der Eingeparkte den Laden. Wenig später ertönt ein lauter Knall, gefolgt von einem Hupkonzert. Die Menschenmenge stürmt nach draußen und verwandelt sich in eine Horde Schaulustiger. Soweit ich das von hier drinnen beurteilen kann, hat sich der Mann selbst geholfen, indem er kurzerhand in sein Auto stieg und das Fahrzeug der Dame »beiseitegefahren« hat. Ich mische mich nicht ein. Ich genieße die Ruhe. Hier drin ist es nun leer. Die Sirene der Polizei tönt wie Glockenklingen in meinen Ohren. Welch friedlicher Tag.

Mittwoch, 16. Dezember

Gleich morgens kommen die benachrichtigten Pakete bei uns an. Darunter wieder ein enorm schweres. Ich sehe auf den Empfänger. Es scheint der neue Kühlschrank zu sein. Aber jetzt ist's gut. Diesmal muss sie selbst sehen, wie der Kühlschrank zum Auto kommt. Eine Stunde später ist es dann so weit. Die Dame sieht mich aus ihren faltigen Augen erwartungsvoll an. »Tut mir leid«, sage ich, »Sie müssen jemanden mitbringen, der den Kühlschrank zum Auto trägt. Wir haben alle Rückenprobleme, das geht so nicht.« Die freundliche alte Dame ist mit einem Mal gar nicht mehr so freundlich. Sie schimpft vor sich hin, dass es eine Frechheit sei, so inkompetentes Personal an einen Postschalter zu stellen. Die wartende Meute pflichtet ihr bei. Darunter ein muskelbepackter junger Mann. Ich sage ihm, wenn er doch so ein Menschenfreund sei, solle er den Kühlschrank nach draußen tragen. Er schafft es nicht einmal bis zur Tür. Die Dame verkündet ihm nun, er solle sich nicht so anstellen, sie hätten noch einen weiten Weg vor sich. Da sie keinen Parkplatz gekriegt habe, stehe sie einen Kilometer weit weg. Der Mann resigniert. Die Dame muss mit Verstärkung wiederkommen. Das tut sie dann auch. Allerdings nicht, ohne mich noch einmal darauf hinzuweisen, dass die Jugend von heute keinen Respekt vor dem Alter mehr hat.

Donnerstag, 17. Dezember

Ich traue meinen Augen kaum, als um halb zehn der arme Postbote vier riesige Pakete hereinschiebt. Noch mehr Kühlschränke. Das darf doch wohl nicht wahr sein. Wo sind die guten alten Zeiten geblieben, wo man noch Puppen oder Kleidung von seinen Verwandten bekam? Oder Geld? Oder wie letztes Jahr, als wir Hunderte iPhones rausgegeben haben? Nein. Heute schenkt man Kühlschränke und Möbel. Der Postbote erzählt mir mit verschleiertem Blick, dass er eines der Geräte bis in den dritten Stock getragen habe – ohne Aufzug –, nur um dann festzustellen, dass er die falsche Klingel gedrückt hatte. Der tatsächliche Empfänger war dann natürlich nicht zu Hause. Also wieder drei Stockwerke hinunter.

Ich habe da heute – Gott sei Dank – Glück. Die Empfänger der Geräte haben Verstärkung dabei, schimpfen allerdings über den unqualifizierten Postboten, der immer genau dann kommt, wenn sie mal kurz außer Haus sind. Das mache der absichtlich, um das schwere Ding nicht in den dritten Stock tragen zu müssen. Wenn die wüssten. Ich sage jedoch nichts. Nicht, dass ich zur Strafe doch noch beim Raustragen helfen muss.

Freitag, 18. Dezember

Wir sind voll. Pakete ohne Ende. Ich hoffe, dass heute einiges abgeholt wird. Unter anderem ein ominöses Paket, das mittlerweile ziemlich streng zu riechen beginnt. Kurz vor Mittag halten wir es nicht mehr aus. Das Paket steht jetzt am offenen Fenster. Ich sehne den Moment herbei, an dem es abgeholt wird, denn gegen Abend haben meine Kollegin und ich bereits eine leicht grünliche Gesichtsfarbe. Wir sind uns einig: Dieses Ding – denn als Paket kann man es nicht mehr bezeichnen, es scheint Leben dort drin zu entstehen –, also dieses Ding muss draußen schlafen. Vorschriften hin oder her. Doch kurz vor sechs die Erlösung: Es wird abgeholt. Ich lege der Dame ihr Paket vor. (Ich muss nicht viel heben, es läuft mittlerweile fast eigenständig. Wir warten stündlich auf sein erstes Wort.)

Die Empfängerin verzieht das Gesicht und lugt auf den Absender. »Wie lange ist das schon unterwegs?« Ich sehe auf den Benachrichtigungsschein und sage ihr, dass es wohl vor knapp einer Woche losgeschickt wurde. »Da ist der rohe Braten für Weihnachten drin. Den sollte meine Oma eigentlich mitbringen. Aber da sie nicht kommen kann, hat sie sich wohl gedacht, sie schickt ihn mir.« Ich möchte mir nicht vorstellen, wie es da drin aussieht, doch das ist nicht mein Problem. »Na, dann guten Appetit.« Ich schiebe ihr das Paket hinüber. »Ich nehme das doch nicht mit. Das stinkt fürchterlich.« »Aber Sie können es doch gleich wegwerfen.« »Nein, das kommt mir nicht ins Auto. Ich verweigere die Annahme.« Was soll ich streiten? Bleibt das Ding halt noch einen Tag bei uns und geht dann zurück an den Absender. Wir haben es übrigens Otto genannt. Es läuft hier bei uns herum wie ein kleines stinkendes Maskottchen. Und manchmal gibt es auch putzige Grummellaute von sich. Den Geruch nehme ich fast nicht mehr wahr. Und am nächsten Tag geht Otto auf die Reise zurück zur Oma. Ich würde ja zu gern ihr Gesicht sehen, wenn sie dieses Paket öffnet.

Samstag, 19. Dezember

Heute ist es doch passiert. Wir sind ausverkauft. Ein Großkunde hat alle Weihnachtspakete und Marken aufgekauft. Gut für uns aus wirtschaftlicher Sicht, schlecht für unseren Tag. Gleich der nächste Kunde entpuppt sich als Briefmarkensammler. Ich teile ihm schonend mit, dass wir die gewünschte Marke nicht mehr vorrätig haben und auch nicht mehr bekommen werden, da sich ja in gut zehn Tagen das Porto ändert. Das reicht dem Mann, dass ihm der Kragen platzt. Eine wütende Schimpftirade prasselt auf mich nieder. Natürlich könnte ich ihn in eine andere Filiale schicken, doch ich weiß, dass er die Marken nur bei uns kauft, da in den anderen Filialen so unachtsam mit den wertvollen Sammelobjekten umgegangen wird. Das letzte Mal hatte doch tatsächlich eine der Marken einen Kratzer auf der Rückseite, und der Kollege in der anderen Filiale weigerte sich auch noch, diese umzutauschen. Frechheit.

Doch damit nicht genug, dass er jedes Mal sämtliche Marken kontrolliert – und das minutenlang –, jetzt befiehlt er mir auch noch, dass ich dem Herrn mit dem Großeinkauf nacheile, um ihm seine Marken zurückzubringen. Schließlich sei er Stammkunde, der mir meinen Laden mitfinanziere.

Ja, so ein Großeinkauf mit mehreren Hundert Euro ist schließlich nichts im Vergleich zu einem Kunden, der jeden Monat 2 Euro bei mir ausgibt.

Sonntag, 20. Dezember

Müsste heute eigentlich Geschenke einpacken. Versuche, aus dem Bett aufzustehen. Liege nun neben dem Bett. Beschließe, dass das Geschenkeverpacken noch warten muss. Meine Katze guckt mich so merkwürdig an. Bin mir fast sicher, dass sie abschätzt, ob ich im Fall der Fälle als Futter tauge.

Montag, 21. Dezember

Es hat geschneit. Habe so was bereits geahnt (der Wetterbericht macht's möglich) und den Wecker auf fünf Uhr gestellt. Räume erst unsere Einfahrt frei. Zwei Stunden später das ganze Spiel dann noch mal in der Arbeit. Ich spüre weder Zehen noch Arme. Halb neun. Nur noch fünf Parkplätze. Ein Kunde fragt mich, ob ich nicht kurz für ihn aufsperren könnte. Er wolle sein Paket abgeben. Ich gebe ihm freundlich zu verstehen, dass wir erst um neun öffnen. Er erwidert, dass ich ja nun eh schon da sei. Bevor ich hier doof rumstehen würde, könnte ich genauso gut sein Paket annehmen, er habe nicht den ganzen Tag Zeit. Ich gebe ihm auf weniger freundliche Art zu verstehen, dass ich nicht nur blöd rumstehe.

Muss eine neue Schneeschaufel kaufen. Mit der Delle schippt es sich recht umständlich.

Dienstag, 22. Dezember

Weihnachten naht, die Panik ist in den Augen der Menschen nun sehr deutlich zu erkennen. Auch in uns macht sich die Panik breit. Platzangst. Ich kann meine Kollegin nicht mehr sehen. Ich höre nur noch ihre Stimme. Zwischen uns ein Berg aus Paketen. Hinter uns das gleiche Bild. Ich stelle fest, dass ich ohne professionelle Kletterausrüstung nicht mehr bis ins Lager komme. Ich bete, dass die Abholung in der richtigen Reihenfolge stattfindet. Wenn jemand eines der hinteren Pakete möchte, wird es eng.

Gegen Mittag male ich ein Gesicht auf den Karton links neben mir. Einfach weil ich mir blöd vorkomme, mit grauer Pappe zu reden, die mit der Stimme meiner Kollegin antwortet. Doch irgendwann ist Feierabend. Auf dem Heimweg komme ich an einigen Umzugskartons vorbei und wünsche einen guten Abend. Sie antworten nicht. Merkwürdig.

Mittwoch, 23. Dezember

Die Menschenmassen sind unglaublich. Der Boden gleicht einem Tümpel, da der ganze Schnee hereingetragen wird. Die Leute waten durch das Wasser, die Laune ist im Keller. Einer nach dem anderen fragt nach seinem Paket. »Haben Sie eine Benachrichtigung?«, frage ich routiniert. »Nein, aber die Firma hat garantiert, dass es vor Weihnachten ankommt.« Ich wühle mich durch die Paketmassen. Nichts, natürlich. Ich sage dem Kunden, dass es noch nicht da ist. Er beharrt auf die Aussage des

Absenders. Ich wühle mich erneut hindurch. Nichts. Der Mann auf der anderen Seite des Schalters droht mir mit einer Schadensersatzklage. Ich nehme es hin. Soll er mich doch verklagen. Ich kann ja auch so viel dafür, dass sein Paket noch nicht da ist. Der nächste Kunde tritt heran. »Ich möchte mein Paket abholen.« Ich frage nach dem Schein. Er verneint. »Aber ich sehe es. Es ist das Schuhpaket!«, fügt er hinzu. Ich blicke nach hinten und sehe circa 20 weiß-orange Pakete mit schwarzem Schriftzug. Das kann ja heute noch heiter werden.

Donnerstag, 24. Dezember

Letzter Tag. Ich kann den Feierabend kaum erwarten. Doch zuerst muss ich noch die Hardcore-Kunden hinter mich bringen. Und – Jackpot – gleich der erste wartet schon vor der Tür. »Kommt das heute Abend noch an?« Natürlich nicht. »Sie müssen doch für solche Notfälle vorbereitet sein. Das gibt es doch nicht, dass es keinen Expressservice gibt.« Doch, den gibt es. Ich erkläre ihm, dass er die Möglichkeit hat, es mit Feiertagsservice am ersten Weihnachtstag zustellen zu lassen. Das reicht ihm nicht. Die Diskussion geht noch eine Weile so weiter. Schließlich nimmt er das Angebot an. Als ich ihm jedoch den Preis nenne, geht das Ganze von vorne los. Ich sehe auf die Adresse. Der Empfänger wohnt keine 20 Kilometer von hier. Ich frage ihn, warum er das Geschenk nicht einfach selbst hinbringt. »Hallo?! Ich hab endlich Urlaub. Da will ich nicht gleich meine ganze Verwandtschaft dabeihaben.« Aber Hauptsache, das Geschenk kommt an. Das ist der wahre Geist der Weihnacht.

Nachwort

Die Feiertage sind überstanden, wir können aufatmen. Mein Physiotherapeut hatte mir bei unserer letzten Behandlung erzählt, dass er sich entschieden habe, dieses Jahr einen Pool bauen zu lassen. Er grinste mich dankbar an.

Ich gönne es ihm. Vor allem jetzt, da alles überstanden ist. Nichts kann mir diese Hoffnung nehmen. Nun wird alles wieder gut. Nur noch der ganz normale Wahnsinn. Schon den ganzen Tag habe ich ein glückseliges Lächeln auf dem Gesicht. Wir haben überlebt. Das können nicht viele von sich sagen. Die Psychiatrien quellen über von Postangestellten, die wirres Zeug stammeln: »Nicht da, es ist nicht da.« Oder: »Keine Hanteln mehr!«

Wir sind noch hier. Ich sehe hoch, eine junge schwangere Frau steht vor mir. »Hallo, können Sie mir helfen? Ich bin gerade umgezogen, und meine Tanten und Omas haben mir alle Kühlschränke geschenkt. Was soll ich mit fünf Kühlschränken? Ich habe sie alle im Auto. Würden Sie sie hereintragen? Ich darf nichts heben …«

Mein Blick wird starr. Eine mir fremde Stimme kommt aus meinem Mund: »Keine Kühlschränke, es gi-gi-gibt hier keine Kühlschränke.« Das Nächste, an das ich mich erinnere, ist ein leerer weißer Raum.

WEIHNACHTSRÜCKBLICK

Lassen wir dieses Weihnachten nun einmal Revue passieren. Bereits der Herbst begann recht ereignisreich: Portoerhöhung.

Natürlich erfuhren wir das aus dem Radio. Allerdings erst nach den ersten Kunden, die uns bereits informiert hatten. Eine offizielle Bestätigung inklusive Liste aller Preisänderungen erhielten wir schon wenige Wochen später. Sie merken, die Post wird immer schneller.

Wir wurden natürlich geflutet von Fragen, da die Kunden ja keine großen Mengen von etwas kaufen wollen, das zum nächsten Jahr mit einer Vielzahl kleiner Papierschnipsel auffrankiert werden muss. Also kauften sie die Marken, bei denen sich nichts ändern würde. Natürlich nicht, ohne sich hundertfach zu vergewissern, dass sich da auch wirklich nichts ändern würde.

Anfang Dezember erhielten wir dann ein weiteres Schreiben von der Post, in dem sinngemäß stand: »Weil wir schon dabei sind, haben wir uns entschieden, noch ein paar weitere Erhöhungen vorzunehmen.« Na prima. Hatten wir es dieses Jahr tatsächlich hinbekommen, halbwegs souverän auf die Portoerhöhung zu reagieren, da schaffte es die Post doch tatsächlich, uns erneut wie die Deppen vor dem Herrn aussehen zu lassen.

Ich habe da so meine Theorie: Ganz oben im Unternehmen sitzen 50 total überbezahlte Wirtschaftsfachmänner, die ja irgendwie ihr hohes Gehalt rechtfertigen müssen. Und wenn die nicht jeden Monat eine total geniale Idee haben, wie sie uns in den Wahnsinn treiben können, dann wird ihre Existenz infrage gestellt.

Wir platzen also aus allen Nähten, da wir zusätzlich zu den neuen Marken auch noch eine irrwitzige Menge an Großpackungen der alten Marken geliefert bekommen haben. Schließlich hat das Lager bald Inventur, da lässt man das Zeug lieber bei den Filialen vergammeln, denn wer kauft jetzt, zum Jahresende, noch eine Großpackung, wenn der Preis sich zum nächsten Jahr ändert?

Dafür haben sie mit den Einzelbeständen gegeizt. Es gibt keine 62-Cent-Marken mehr. Fazit: Wir müssen uns das irgendwie zusammenstückeln. Die Großbestände können wir nicht anrühren, sonst stimmt der Lagerbestand nicht mehr. Bin kurz vorm Verzweifeln. Es kann nur noch besser werden.

Zweite Dezemberwoche: Einer unserer beiden PCs fährt nicht mehr hoch. Außerdem riecht er merkwürdig. Ich schalte ihn lieber ab. Vor der Tür stehen bereits mehr als ein Dutzend Menschen.

Leicht panisch rufe ich die Technik an. Eine freundliche Dame erklärt mir, was zu tun sei, anschließend solle ich den PC wieder anschalten. Ein lauter Knall ertönt, der selbst die ungeduldige Menge vor der Tür zurückweichen lässt.

»Oh«, ertönt es aus der Leitung. Eine feine Duftnote erfüllt den Laden. Eine Mischung aus verbrannten Kabeln und brennendem Staub.

»Na, da brauchen Sie wohl einen neuen.« Ich nicke resigniert, und obwohl die Dame es durch die Telefonleitung nicht sehen kann, scheint sie mich doch zu verstehen: »Keine Angst, ich schicke Ihnen gleich einen Techniker raus.«

Da ich in meiner Mittagspause eigentlich etwas vorhatte und nun wahrscheinlich absagen muss, frage ich nach, ob man ungefähr sagen könnte, wann er da sein würde.

»Ach, keine Sorge, auf jeden Fall noch diese Woche.«

Ich bin der Ohnmacht ziemlich nahe. Ohne zu antworten, lege ich auf.

Die Vorweihnachtszeit ist mit zwei Kassen schon hart an der Grenze. Mit einer wohl kaum zu schaffen. Meine Mutter, die an diesem Tag mit mir arbeitet, entscheidet sich, dann eben die Kasse zu übernehmen, ich beschließe, alle Dinge zu erledigen, die nichts mit der Post zu tun haben. Ich stehe an der Shopkasse und rufe, jeder, der nichts Postalisches brauche, könne zu mir kommen.

Erster Kunde: »Ich hab nur einen Brief.«

Zweiter Kunde: »Ich wollte ein Paket abholen.«

Dritter Kunde: »Zehn Briefmarken, bitte.«

Ich spüre, wie die Stimmung langsam kippt, doch endlich:

Vierter Kunde: »Ich würde gern diese Zeitung kaufen.«

Ich bin erleichtert, tippe ein und möchte kassieren.

Kunde: »Ich müsste aber erst noch Geld abheben …«

Wir beschließen, dass es so keinen Sinn hat, und ich bleibe allein zurück. Die Schlange zieht sich bis zur Tür. Interessanterweise passiert es immer wieder, dass jemand an der endlosen Schlange vorbeizieht und sich an die defekte Kasse stellt, an die ich ein riesiges Schild mit dem Wort »Defekt« gehängt habe. Und sobald einer dort steht, gesellen sich weitere dazu. Natürlich erscheint niemand, um sie zu bedienen. Gemurmel macht sich breit. Ich höre eine Dame mit chronisch hängenden Lippen sagen: »Fräulein, ich steh hier schon seit zehn Minuten!«

Ich weise sie auf das Schild hin. Sie sieht mich finster an: »Das hat mir keiner gesagt!«

Ich denke über die Anschaffung eines Tonbandgeräts nach, das in Endlosschleife »Defekt!« durch den Laden kräht.

Kurz vor Weihnachten werden dann auch die Kartons knapp. Weihnachtsmotive sind sowieso schon lange ausverkauft. Nun auch die Standardversionen. Ich komme langsam in Erklärungsnot, da ich die Kunden bereits seit Tagen vertröste. Eigentlich müssten diese Dinge automatisch von der Post nachgeliefert werden. Es passiert aber nichts. Aus lauter Verzweiflung rufe ich dort an und ordere eine Notbestellung. Auch daraufhin passiert nichts. Am 24. Dezember, mitten im größten Getümmel, schlängelt sich dann ein Paketbote herein. Nach und nach bringt er sechs riesige Kartons.

Wunderbar, zu meiner Notbestellung gesellt sich nun auch die reguläre Lieferung, die aus nicht definierbaren Gründen eine Woche zu spät geliefert wurde. Gott sei Dank, denn bekanntermaßen können wir nun, knapp vor Weihnachten, ja auch so viel damit anfangen.

Freue mich, dass das Lager der Post dieses Jahr bei seiner Inventur nicht so viel zu tun hat. Ich hingegen sitze an Silvester sieben Stunden an unserer. Frohes neues Jahr.

SPEED LAUGHING

Als ich darüber nachdachte, was ich als Einleitung für dieses Kapitel schreiben könnte, fielen mir die Worte von Beppo Straßenkehrer, einer Figur aus Momo, ein. »Siehst du, Momo, es ist so: Manchmal hat man eine sehr lange Straße vor sich. Man denkt, die ist so schrecklich lang; das kann man niemals schaffen, denkt man. Und dann fängt man an, sich zu eilen.« … »Man muss nur an den nächsten Schritt denken, an den nächsten Atemzug, an den nächsten Besenstrich.« … »Dann macht es Freude; das ist wichtig, dann macht man seine Sache gut. Und so soll es sein.«

Dieses Prinzip versuche ich Tag für Tag einzuhalten. Nicht die lange Schlange an Kunden vor mir zu sehen, sondern nur den einzelnen. Es gelingt mir selten. Ich hetze mich, höre die Leute stöhnen, weil es so lange dauert, und lasse mich dadurch stressen.

Doch an den Tagen, an denen es mir gelingt, genau nach diesen klugen Worten zu arbeiten … das sind die guten Tage. Ich sehe jedem Kunden in die Augen, beschäftige mich mit jedem einzelnen. Nehme jedes Anlie-

gen ernst. Und brauche keine Sekunde länger als an den gehetzten Tagen.

Man kann Zeit nicht sparen, man kann sie jedoch sinnvoll nutzen. Aber das geht nicht, wenn man mit den Gedanken schon beim nächsten Kunden ist. Und hätte ich in Hast gearbeitet, wären mir all die herrlichen Anekdoten entgangen, die Sie nun in diesem Kapitel finden können.

Nehmen wir uns also etwas Zeit, um einen Moment innezuhalten und über die eine oder andere zu schmunzeln.

Kunde: »Sind Sie die Post?«

Postangestellte: »Nein, ich arbeite nur hier.«

Kunde: »Kann ich auch ohne meine Girokarte einzahlen?«

Postangestellte: »Kein Problem, wir können meine nehmen.«

Kunde (nach längerer Diskussion): »Das ist aber so!«

Postangestellte: »Ich arbeite hier seit zehn Jahren, Sie können mir glauben, das ist nicht richtig.«

Kunde: »Na und? Ich schreibe seit 20 Jahren Briefe!«

Kunde: »Briefmarken!«

Postangestellte: »Welche brauchen Sie denn?«

Kunde: »Wurscht.«

Postangestellte: »Wozu brauchen Sie denn die Briefmarken?«

Kunde: »Des geht doch Eana nix o!«

Kunde: »Streiken Sie gar nicht?«

Postangestellte: »Ich kann nicht streiken, der Laden gehört mir.«

Kunde: »Ihnen gehört die Post!?«

Postangestellte: »Versichert oder unversichert?«

Kunde: »Unversichert.«

Postangestellte beklebt, scannt und kassiert.

Kunde: »Ein bisschen versichert ist es ja immer, oder?«

Postangestellte: »Nein, es ist unversichert.«

Kunde: »Ach, dann nehme ich doch das andere …«

August, 40 Grad.

Kunde: »Hier ist ja gar nichts los …«

Postangestellte: »Na ja, welcher Depp geht denn bei dem Wetter zur Post?«

Kunde: »Ich.«

Ups …

Kunde: »Ich hab gestern eine halbe Stunde vor der Tür gestanden und keiner hat aufgemacht.«

Postangestellte: »Tut mir leid, aber wir haben Mittwochnachmittag geschlossen.«

Kunde: »Aber heute ist Donnerstag!«

Postangestellte: »Aber gestern nicht.«

Kunde: »Ich hätte gern eine Telefonkarte.«

Postangestellte: »Tut mir leid, wir verkaufen keine Telefonkarten mehr. Da müssen Sie zur Telefongesellschaft.«

Kunde: »Aber früher habe ich die immer hier gekauft.«

Postangestellte: »Jetzt gibt es hier leider keine mehr.«

Kunde: »Gut, dann nehme ich nur die Telefonkarte.«

Kunde: »Woher soll ich bitte wissen, dass ich meinen Ausweis brauche?«

Postangestellte: »Steht auf der Karte.«

Kunde: »Die könnten ruhig draufschreiben, dass man das lesen soll …«

Kunde: »Was kostet ein Paket?«

Postangestellte: »6,99 Euro.«

Kunde: »Und bei Hermes?«

Postangestellte: »Das weiß ich nicht.«

Kunde: »Was ist das denn für ein Service?«

Kunde: »Was kostet ein Brief nach Wien?«

Postangestellte: »90 Cent.«

Kunde: »So viel?«

Postangestellte: »Ja, ins Ausland kostet es mehr.«

Kunde: »Der geht aber nicht ins Ausland. Der geht nach Österreich!«

Kunde: »Ich würde gern 50 000 Euro in die Türkei überweisen.«

Postangestellte: »Kein Problem.«

Kunde: »Aber so, dass das Finanzamt nichts mitbekommt.«

Postangestellte: »Tut mir leid, aber das wird nicht möglich sein.«

Kunde: »Wieso nicht?«

Postangestellte: »Na ja, ich fürchte, das ist nicht ganz legal.«

Kunde: »Was sind Sie denn für eine Bank?«

Im Weihnachtsstress.

Postangestellte: »Frohe Ostern.«

Kunde: »Frohe Weihnachten …«

Postangestellte: »Das auch.«

Kunde: »Haben Sie alte Quittungen für mich? Ich sammle die.«

Postangestellte: »Sie sammeln Quittungen?«

Kunde: »Ja.«

Postangestellte: »Wofür?«

Kunde: »Fürs Finanzamt.«

(Nur um Missverständnisse zu vermeiden: Wir dürfen natürlich keine Quittungen von anderen rausgeben.)

Kunde: »Ich würde gern mein Paket abholen.«

Postangestellte: »Auf welchen Namen?«

Kunde: »Auf meinen.«

Postangestellte: »Und wie heißen Sie?«

Kunde: »Steht doch drauf.«

Kundin, sehr hektisch: »Guten Brief, ich hab da einen Tag …«

Kundin: »Wo ist denn hier die UPS-Filiale?«

Postangestellte: »Das müsste auf dem Zettel stehen.«

Kundin: »Nein, da steht nur die Adresse.«

Kundin: »Können Sie mir die Nummer vom Geschäftskundenservice sagen?«

Postangestellte: »Gerne, aber vielleicht kann ich Ihnen weiterhelfen?«

Kundin: »Ich brauche eine große Menge Briefmarken.«

Postangestellte: »Aber die können Sie auch von mir haben. Wir haben ein großes Lager, und notfalls kann ich für Sie bestellen. Wie viele Marken brauchen Sie denn?«

Kundin: »20.«

Postangestellte: »20 000?«

Kundin: »Nein, 20 Stück …«

Kunde: »Ich muss Ihnen mal sagen, Sie haben hier immer so schön dekoriert. Aber der ganze Aufwand nur für eine Poststelle?«

Postangestellte: »Na ja, wir verkaufen diese Sachen. Die sind nicht nur zur Dekoration.«

Kunde: »Sie verkaufen nicht nur Briefmarken?«

Postangestellte: »Nein, wir verkaufen auch andere Sachen.«

Kunde: »Dürfen Sie das denn?!?«

Kundin (sehr aufgebracht): »Ich werde mich über Sie beschweren. Ich möchte sofort den Filialleiter sprechen!«

Postangestellte: »Das bin ich.«

Kundin: »Dann möchte ich den Chef sprechen.«

Postangestellte: »Gerne, einen Moment.« (Dreht sich um und ruft:) »Mama, kommst du mal?«

Kundin (resigniert): »Na super …«

NICHT NACHGEFRAGT?

In der heutigen Gesellschaft wird nicht mehr groß nach-
gefragt. Kein Wunder bei der Masse an täglicher Beriese-
lung mit Werbung, Angeboten und Aktionen. Und dann
wird man auch noch mit der Nase draufgestoßen. Sam-
melpunkte zum Beispiel. Man muss gar nicht mehr selbst
an die Karte denken. Bei jedem Einkauf wird nach der
Karte gefragt, hat man keine, wird einem eine angeboten.
Will man keine, wird man überzeugt.

Auch für uns hat das so seine Nachteile: Die Kunden sind von dem Informationsüberfluss so verwöhnt,
dass sie das »Nachfragen« völlig verlernt haben. Und sie
scheinen zu der Überzeugung gelangt zu sein: Wenn du
mir nicht sagst, was ich tun soll, bist du selbst schuld.

So haben wir hinten im Laden einen Raum, in dem
nur Tische mit Stiften und Stühle stehen. Dort können
die Kunden in Ruhe ausfüllen, einpacken und was man
sonst so in einer Post treibt. Das hat den Vorteil, dass wir
am Schalter viel effizienter arbeiten können und die War-
tezeiten um ein Vielfaches kürzer sind.

Das Problem: Die Kunden wissen das ja nicht. Ich weise die meisten darauf hin und schicke sie nach hinten. Doch wenn ich einmal nicht sofort erkenne, dass ein Kunde das Bedürfnis hat, etwas auszufüllen, ist es schon vorbei: In Ermangelung leerer Tische sucht er sich eben eine Alternative. So wird eben mal schnell die Keramikablage vom Tisch gefegt. Der Schaden? Was interessiert es ihn? Ich bin ja selbst schuld, wenn ich hier keinen Tisch habe.

Auch gern als Schreibunterlage genommen werden Bücher, was mich besonders fuchsig macht. Denn ein Buch, dem die Adresse von Tante Trudi ins Cover geprägt wurde, lässt sich nun mal schwer verkaufen. Doch die Verursacherin sieht natürlich überhaupt nicht ein, dass mir durch ihr Handeln ein Schaden entstanden ist. Wer würde denn schon aufs Cover achten, es zähle ja nur der Inhalt, philosophiert sie mich in den Wahnsinn.

Und wer hat Schuld an allem? Ich natürlich. Wie konnte ich auch erwarten, dass Kunden sich ohne Leuchtreklame und Blinkpfeile zurechtfinden. Nachfragen? Wo sind wir denn? Der Kunde von heute fragt doch nicht mehr, er lässt sich die Wünsche von den Lippen ablesen.

Eine Zeit lang habe ich mal alle, die irgendwo im Laden geschrieben haben, ganz freundlich darauf hingewiesen, dass wir ein ganzes Zimmer nur zum Schreiben und Verpacken hätten. Die Reaktionen waren einstimmig: »Das hat mir aber keiner gesagt!«

Mir hat auch noch nie jemand gesagt, dass man nachts nicht mit geschlossenen Augen über die Autobahn läuft. Also stellte ich, rein interessehalber, immer dieselbe Frage: »Wieso haben Sie denn nicht gefragt?«

Die Antwort war jedes Mal unverständiges Schweigen.

Oder die Sache mit der Adresse. Ich lese mir nicht bei jedem Brief und jedem Paket die Anschrift durch. Das scheinen zwar viele zu erwarten, aber ich schaffe das schon rein zeitlich gar nicht. Da würden Sie zwei Wochen vorher eine Nummer ziehen müssen, um überhaupt irgendwann an die Reihe zu kommen.

Und was ich erst recht nicht kann, ist, alle Postleitzahlen zu überprüfen. Wenn ich ein so gutes Gedächtnis hätte, dass ich mir alle Postleitzahlen Deutschlands auswendig merken könnte, glauben Sie mir, dann würde ich nicht hier am Schalter stehen.

Vielleicht denken Sie jetzt: Ist ja klar, das erwartet doch auch niemand. Doch der Großteil meiner Kunden würde jetzt folgendermaßen argumentieren: »Wieso, dazu sind Sie doch verpflichtet! Wo kämen wir denn da hin, wenn nicht mal die Postler die Postleitzahlen wüssten? Das ist doch deren Job, die müssen ja sonst nicht viel können!«

Ich bin auch schuld, wenn ein Brief zurückkommt, der an die Tante in Hannover, Hafenstraße 25, adressiert wurde. Problem: Die Gute wohnt in der Hauptstraße 43! Tja, ich hätte das wohl vorher überprüfen müssen.

Leider ist es nun nicht so, dass, wie vielleicht vor 100 Jahren, 15 Briefe am Tag entgegengenommen werden. Es sind eher 15 Kisten mit Briefen. Wenn ich die alle kontrollieren würde, müssten meine Kunden froh sein, wenn ihre Osterkarte bis Weihnachten ankommt.

Aber nicht nur das Nachfragen scheint dem Kunden von heute schwerzufallen. Das Sprechen an sich stellt für viele schon eine Herausforderung dar. So kommt es nicht selten vor, dass mir etwa eine Girokarte einfach so hingeworfen wird. Ohne Kommentar. Ein »Guten Morgen« erwarte ich schon gar nicht mehr. Aber zumindest die Information, was man denn von mir möchte, wäre doch nett. Zu meiner Schande muss ich gestehen, dass ich darüber auch nicht immer freundlich hinwegsehen kann. Manchmal starre ich einfach stupide zurück. So lange, bis man mit mir spricht.

Allerdings gibt es dann auch wieder Situationen, die mich amüsieren.

Seit Neuestem verkaufen wir auch Schilder. Also keine Verkehrsschilder oder so, sondern welche mit lustigen Sprüchen. Eines haben wir in der Weihnachtszeit über den Schalter gehängt: »Die Welt ist ein Irrenhaus – und hier ist die Zentrale.«

Einige dieser Schilder habe ich auf unserem Verkaufstresen platziert.

Nun kam eine ältere Dame zu mir an den Schalter und wollte ihr Paket verschicken. Als ich ihr sagte, sie müsse erst einen Paketschein ausfüllen, war sie schon sehr erbost.

»Können Sie das nicht machen?«, fragte sie vorwurfsvoll.

»Tut mir leid, das geht nicht. Sehen Sie, dort drüben sind Tische, da können Sie alles in Ruhe fertig machen.«

»Ich bleibe hier stehen!«

Ich wies sie auf die Schlange hinter ihr hin und bat sie erneut, zu den Tischen zu gehen.

Leise maulend ging sie zum Verkaufstresen und richtete sich auf meinen Schildern häuslich ein. Ich ging zu ihr hinüber: »Tut mir leid, aber würden Sie bitte an den Tisch dort drüben gehen.«

»Hier ist doch Platz!«, keifte sie mich an.

»Aber Sie zerkratzen die Schilder.«

Noch während sie sich umdrehte, hörte ich sie schimpfen: »Dann räumen 's Ihr Graffe halt auf die Seite.«

Ich blickte auf eines der Schilder: »Wenn ich alt bin, werde ich nur noch nörgeln – das wird lustig!«

Ich konnte mir ein Grinsen nicht verkneifen.

BRIEFMARKEN VERKAUFEN KANN DOCH JEDER

Tatsächlich wird dieser Satz eher hinter meinem Rücken gemunkelt oder in irgendwelchen Foren verkündet, wenn die Post gerade mal wieder in den Medien ist. Doch er wurde mir auch schon direkt ins Gesicht gesagt.

Jetzt muss ich erst einmal Folgendes klarstellen: Mein Aufgabengebiet besteht nur zu einem kleinen Teil darin, Briefmarken zu verkaufen. Tatsächlich sieht mein Tätigkeitsbereich eher so aus: Verkäuferin, Kassiererin, Bankangestellte, Putzfrau, Security, Krisenmanagerin, Gewichtheberin, Kindergärtnerin (nicht nur für Kinder), Sekretärin, Dekorateurin …

Aber manchen Leuten reicht es einfach nicht, ihre Briefe versendet zu bekommen. Nein, sie suchen Fehler. Ob manche Menschen wohl ihre Minderwertigkeitskomplexe dadurch kompensieren, dass sie andere fertigmachen? Scheint mir ziemlich wahrscheinlich. Warum sonst sollte man, nachdem man in angemessener Zeit freundlich und richtig bedient wurde, noch hinzufügen:

»Sie haben doch echt keinen anspruchsvollen Job, können Sie sich da nicht wenigstens die paar Preise merken?« Und das nur, weil ich ausnahmsweise etwas nachsehen musste?

Meist kommt so was von eben den Leuten, die dann eine Stunde später wieder vor mir stehen, auf einmal die Freundlichkeit in Person: »Ich brauche den Brief wieder, ich habe aus Versehen meinen Autoschlüssel mit hineingepackt.« In einem solchen Fall tut es mir dann wirklich ungeheuer leid, wenn ich sagen muss: »Oh, der LKW ist leider schon weg.« Es gibt aber auch Kunden, die vom Gegenteil ausgehen. Nämlich dass ich alles wissen müsste. Wir sind ja oft die Hauptanlaufstelle für sämtliche Fragen und Anliegen: »Wo ist die nächste Telefonzelle?« »Gibt es hier im Ort Sehenswürdigkeiten?« »Könnten Sie mir den Schein kleinmachen?«

Wir helfen ja wirklich gern … aber auf manche Fragen haben selbst wir keine Antwort.

Kunde: »Können Sie mir helfen? Ich suche den Maier Karl.«

Postangestellte: »Tut mir leid, hier arbeitet niemand mit dem Namen Maier.«

Kunde: »Nein, der wohnt in Norddeutschland.«

Postangestellte: »Und wie kann ich Ihnen da weiterhelfen?«

Kunde: »Ich brauche seine Adresse. Die muss die Post ja wissen, er kriegt ja Briefe.«

Postangestellte: »Aber ich habe leider nicht jede Adresse im Kopf ... Deutschland ist groß.«

Wenig Verständnis aufseiten des Kunden ...

Gerne wird auch gefragt: »Können Sie mal kurz schauen, ob die Adresse so richtig ist?«

VERHALTENSREGELN AM POSTSCHALTER

Es gibt so einige Verhaltensweisen, die die Dame oder den Herrn hinter dem Schalter an den Rand des Wahnsinns bringen können. Doch so klappt's auch mit dem oder der Postangestellten:

Lassen Sie Ihr Gegenüber doch einfach mal ausreden. Vielleicht erübrigen sich ja die nächsten 15 Fragen …

Vermeiden Sie Standardfloskeln. Wenn es regnet, hat die Schalterkraft das wahrscheinlich schon von mehreren Hundert Leuten gehört.

Wenn sich plötzlich, mitten im größten Gedränge, eine Kasse schließt, murren Sie nicht. Lassen Sie die Dame oder den Herrn gehen. Vertrauen Sie mir. Sie möchten nicht von einer gestressten Angestellten auf Nikotinentzug bedient werden.

Es gibt etwas, das nur etwa zwei Sekunden dauert, aber ein ganzes Gespräch verändert. Ein kleiner Code, mit dem Sie fast alles bekommen, was Sie wollen. Er ist sehr geheim und wird heutzutage kaum mehr verwendet. Ich muss Sie dringend bitten, ihn geheim zu halten. Dieses Codewort, verbunden mit einer geheimen Geste, ist Ihr Türöffner: Das Codewort lautet »Bitte«, bei der Geste handelt es sich um das noch unbekanntere »Lächeln«.

Wenn Sie einen nassen Regenschirm auf einen Verkaufstisch mit Büchern legen, erwarten Sie keine Freudensprünge vonseiten der Angestellten.

Es ist unhöflich, Kaugummis auf den Teppich zu spucken, auch dann, wenn gerade keiner hinsieht.

Gratulieren Sie nie, niemals, einer Postangestellten zum Baby, wenn Sie nicht hundertprozentig sicher sind, dass diejenige auch wirklich schwanger ist. Und kommen Sie nicht auf die Idee, mich zu fragen, warum mir dieser Punkt so wichtig ist.

Auch wenn die Mutter Ihrer Nachbarin vor zwei Monaten Briefmarken bei mir gekauft hat, brauche ich trotzdem Ihren Ausweis!

Bei Briefmarken gibt es keinen Mengenrabatt. Den kriegen Sie bei Ihrer Bank ja auch nicht.

Es gibt einen Satz, den keiner kurz vor Ladenschluss hören möchte: »Ich schau mich noch ein bisschen um.«

DARÜBER KÖNNTEST DU EIN BUCH SCHREIBEN

Heute ist einer dieser Tage, da könnte man platzen vor Wut. Gerade letzte Woche fiel die Entscheidung: Ich werde dieses Buch veröffentlichen. Seitdem liege ich natürlich besonders auf der Lauer.

Freudestrahlend sehe ich auch schon einen der Härtefälle auf den Parkplatz einbiegen. Mit dem gibt es immer Stress. Aber stellen Sie sich vor: Er kommt herein und besitzt tatsächlich die Frechheit, mir einen guten Tag zu wünschen. Was soll denn das?

Die nächsten Kunden sind auch nicht besser. Wie kann man bei diesem Wetter denn so gut gelaunt sein? Meine Stimmung sinkt.

Ich muss hier wohl stärkere Geschütze auffahren: Ich weise jeden extra darauf hin, dass das Porto im nächsten Jahr schon wieder erhöht wird. Und was bekomme ich als Reaktion? Verständnis!!! So langsam wird es auch meiner Kollegin unheimlich. »Das gefällt mir gar nicht …«, raunt sie mir ins Ohr.

Doch ich habe ja noch meine Geheimwaffe: Um kurz vor zwölf lauere ich an der Tür. Heute wird pünktlich zugesperrt. Ich muss nicht lange warten, da kommt auch schon eine Dame angehetzt, um noch schnell hereinzuhuschen. Das ist meine Chance.

»Tut mir leid, wir schließen jetzt«, rufe ich ihr zu.

Doch diese Dame toppt alles, was die Menschen an Boshaftigkeit zu bieten haben: »Ach, dann komme ich heute Nachmittag wieder. Irgendwann müssen Sie ja auch mal durchschnaufen.«

Ist das zu fassen? Ich feuere meinen bereitgelegten Block in die Ecke. Auf nichts kann man sich verlassen. Das kann ja noch heiter werden.

Mittags sperre ich extra zwei Minuten später auf, was normalerweise die Garantie für Beschwerden ist, aber es steht nicht mal jemand vor der Tür. Kein wütendes Geklopfe, keine Tritte gegen die Scheibe, keine finsteren Blicke.

Was ist nur mit den Menschen los? Es ist doch Vorweihnachtszeit. Alle müssten gestresst und abgehetzt sein. Normalerweise müsste ein falsches Wort ausreichen, um die Leute zum Ausrasten zu bringen. Legt denn hier keiner mehr Wert auf Traditionen?

Kein Gedränge im Rhythmus von »Oh Tannenbaum«. Kein Geschrei. Keine genervten Eltern mit bockigen Kindern. So kommt bei mir sicher keine Weihnachtsstimmung auf.

Doch die Krönung kommt noch: Der Paketfahrer fährt vor. Normalerweise Grund genug für Krieg unter den Wartenden. Jeder möchte seine Sendung unbedingt noch an den Mann bringen. Und wissen Sie, was passiert? Man lässt die Leute, die es eilig haben, vor! Freiwillig!!! Ich fasse es nicht.

Als mir der letzte Kunde einen schönen Abend wünscht und dann auch noch ein Trinkgeld in die Hand drückt, bin ich mit den Nerven am Ende. Das machen die mit Absicht. Diese Leute gönnen einem nicht einmal den wohlverdienten Ärger. Nicht einmal mehr in Ruhe aufregen darf man sich.

Am nächsten Tag betrete ich bereits mit schlechter Laune den Laden. Noch so ein Tag.

Ich sperre um fünf Minuten vor neun die Tür auf.

»Was sind denn das für Öffnungszeiten? Jeder vernünftige Laden macht um sieben auf!«, schallt es mir entgegen.

Ich lächle die Dame dankbar an. »Da haben Sie recht«, antworte ich verständnisvoll.

Im Lauf des Tages steigert sich die Aggressivität der Kunden immer mehr. Es ist alles wieder normal. Ich atme auf. Wird wohl doch noch was mit dem Buch.

NACHWORT

Nun mag es so aussehen, als würde ich meinen Job nicht mögen. Das ist definitiv nicht so.

Die geschilderten Erlebnisse sind zwar nicht unbedingt die Ausnahme, doch der Großteil unserer Kunden ist sehr freundlich. Viele unterstützen uns sogar, indem sie uns treu sind, auch wenn es mal Sparaktionen über das Internet gibt, machen uns eine Freude mit etwas Süßem oder auch einfach mit ein paar netten Worten.

Ich könnte niemals in einem Büro sitzen. Ich finde es schön, ab und zu mal kurz zu plaudern, und freue mich immer, meine Stammkunden zu sehen. Es gibt so viele nette Menschen. Man hört allerlei interessante Dinge und lernt stets dazu. Außerdem liebe ich unseren Laden. Er ist fast wie mein zweites Wohnzimmer.

Ich liebe aber kleine Läden im Allgemeinen. Es ist schön, wenn man in ein Geschäft kommt und der Verkäufer spricht einen mit Namen an.

Fühlt man sich nicht irgendwie besonders, wenn die Verkäuferin in einer Boutique schon gleich die passenden Kleider bringt, weil sie, vielleicht sogar besser als man selbst, weiß, was einem steht? Wenn in einer Metzgerei die »Handwurscht« für die Kinder noch eine Selbstverständlichkeit ist? Oder wenn der kauzige Buchhändler von einem Roman schwärmt, als wäre er selbst dabei gewesen? Der noch genau weiß, wo welches Buch steht …

Ich mag es auch, wenn man einen Laden bereits an seinem Geruch erkennt. In großen Geschäften herrscht immer so eine sterile Atmosphäre: Die Kassiererinnen konzentrieren sich auf die Arbeit, spulen die immer gleichen Sätze ab, die Arbeitsplätze sind sauber und ordentlich.

In kleinen Läden herrscht immer so ein liebevolles Chaos: Es riecht nach Kaffee, der neben der Kasse steht, überall liegen Notizzettel mit Dingen, die noch zu tun sind, privater Zierrat schmückt den Schreibtisch, fröhliches Lachen ist zu hören, wenn die Mitarbeiter den neuesten Klatsch austauschen. Einmal hat uns ein Mann mit den Worten begrüßt: »Wenn zwei Frauen laut lachen, musst du als Mann auf der Hut sein.«

Ich liebe diese Art von Menschlichkeit. Es ist eine schöne Atmosphäre, die man so nur in kleinen Geschäften findet. Und was ich ganz besonders bewundernswert finde: Die meisten kämpfen wirklich um ihre Existenz und haben ihren Enthusiasmus doch nicht verloren. Sie freuen sich über das verkaufte Buch, die Bluse, den Strauß Blumen, obwohl es vielleicht ein schlechter Tag ist und sie nicht einmal genug verdient haben, um ihre Arbeitszeit zu rechtfertigen.

Sie freuen sich einfach, dass ein weiterer Artikel ein schönes Zuhause gefunden hat. Hier geht es nicht darum, das große Geld zu machen. Hier geht es darum, über die Runden zu kommen, um weiterhin das machen zu können, was man liebt.

Deshalb: Gehen Sie in die kleinen Läden! Kaufen Sie dort. Zumindest ab und zu. Wer weiß, vielleicht kann ihr Charme auch Sie wieder verzaubern. Und vielleicht kommen auch die Kindheitserinnerungen zurück an damals, als man noch mit den zehn Pfennigen von der Mama beim Süßwarenhändler stand und eine Viertelstunde überlegte, in was man sie wohl investieren sollte.

DANKE

Ich möchte mich ganz besonders bei einem Menschen bedanken, ohne den es dieses Buch in jeglicher Hinsicht nicht
geben würde: bei meiner Mutter. Ohne sie gäbe es mich
gar nicht. Schon rein biologisch gesehen. Außerdem hat sie
mich zur Post gebracht, wofür ich meistens sehr dankbar
bin, auch wenn es oft viel Geduld und Humor erfordert.

Sie war es auch, die mich ermuntert und unterstützt
hat, stundenlang mit mir Texte durchgegangen ist und
mir neuen Mut gegeben hat, wenn ich alles hinschmei-
ßen wollte.
Danke, Mama. Für alles.

Danke auch an Papa und Gudrun. Für die Unterstützung,
aber auch dafür, dass sie mich wieder mobil gemacht
haben ;).

Und natürlich möchte ich mich bei meinen Freundin-
nen bedanken, die sich immer und immer wieder meine
verrückten Geschichten anhören mussten und mir einen
neuen Blickwinkel ermöglicht haben.

Genauso bei meiner Familie, die immer für mich da ist, egal, was kommt.

Danke auch an meine lieben Kolleginnen, die das alles so geduldig mit mir durchstehen und so viel mehr sind als nur Kolleginnen.

Und ein dickes Dankeschön an die lieben Mitarbeiter des riva-Verlags, die an mich und mein Buch geglaubt haben, vor allem an Frau Schöbel, die mir bei Fragen behilflich war und immer ein beruhigendes Wort hatte, wenn mich Zweifel plagten.

Nicht zu vergessen unsere Vermieter, die sich nicht einmal beschweren, wenn mal wieder ihre Einfahrt zugeparkt ist, den ständigen Kundenstrom (gerade zur Weihnachtszeit) tolerieren und uns beim Schneeräumen tatkräftig zur Seite stehen, wenn es uns mal über den Kopf wächst.

Ein dickes Lob an dieser Stelle an unsere Postboten, die sich durch nichts unterkriegen lassen, und an die LKW-Fahrer, die wir das ein oder andere Mal bestimmt in den Wahnsinn getrieben haben, sei es mit unserer waghalsigen Stapeltechnik oder aber mit diversen Sonderwünschen.

Und zu guter Letzt: Danke an alle meine Kunden. An die, die mir diese wunderbaren Geschichten geliefert haben, ich hoffe, Sie nehmen es mir nicht übel … Aber auch an all die, die uns stets unterstützen. Die bei uns einkaufen und sich für den Erhalt unserer kleinen, familiären Poststelle einsetzen.

Hoffentlich auch für weitere zehn Jahre!

272 Seiten
9,99 € (D) | 10,30 € (A)
ISBN 978-3-86883-530-4

Strzoda, Christian

Gehört dieses Bein zu Ihnen?

Neues aus dem Leben eines Rettungsassistenten

Ein Teddybär als Notfallpatient, LSD gegen Depressionen, Herzinfarkt aus Liebeskummer. Christian Strzoda erlebt tagtäglich die unglaublichsten Geschichten. Als Rettungsassistent hat er laufend mit erschütternden Schicksalsschlägen, schrecklichen Unfällen und rücksichtslosen Rowdys zu tun. Doch nicht immer sind die Patienten seine größten Sorgenkinder. Auch so mancher Arzt oder Polizist macht ihm den Arbeitsalltag nicht unbedingt leichter, wenn zum Beispiel der Notarzt auch mal mit dem Helikopter in die Oper geflogen werden will. Strzoda erzählt fesselnder, als jede Fernsehsendung es könnte, wie der Beruf des Rettungsassistenten wirklich aussieht. Denn die Realität schreibt einfach die besten Geschichten.

272 Seiten
9,99 € (D) | 10,30 € (A)
ISBN 978-3-7423-1085-9

Strzoda, Christian

Tut das weh, wenn ich hier drücke?

Die besten Geschichten aus meinem Leben als Notfallsanitäter

Ein Lager von Butangasflaschen in einem brennenden Haus, eine Frau, die sich umbringen möchte und im Todeskampf entscheidet, dass sie doch nicht sterben will, oder Kollegen, die in einen schweren Unfall verwickelt werden: Der Notfallsanitäter Christian Strzoda erlebt Tag für Tag dramatische Geschichten, die unter die Haut gehen. Nicht selten sind auch Kuriositäten dabei: So melden sich gesunde Menschen, die Panik bekommen, weil ihre Fitnessuhr ihnen sagt, es würde ihnen schlecht gehen, oder ein Waldarbeiter fällt einen Baum einfach mal in die eigene Richtung. Christian Strzoda erzählt fesselnd, aber mit der nötigen Portion Humor von seinen außergewöhnlichsten Einsätzen. Denn das Leben schreibt immer noch die besten Geschichten.